成长型父母

陪孩子一起幸福长大

张 阳 —— 著

图书在版编目（CIP）数据

成长型父母：陪孩子一起幸福长大/张阳著.—武汉：华中科技大学出版社，2023.6（2023.7重印）
ISBN 978-7-5680-9494-8

Ⅰ.①成…　Ⅱ.①张…　Ⅲ.①家庭教育　Ⅳ.①G78

中国国家版本馆CIP数据核字（2023）第081636号

成长型父母：陪孩子一起幸福长大　　　　　　　　　　　张阳　著
Chengzhangxing Fumu : Pei Haizi Yiqi Xingfu Zhangda

策划编辑：	饶　静
责任编辑：	程　琼
封面设计：	琥珀视觉
责任校对：	张会军
责任监印：	朱　玢
出版发行：	华中科技大学出版社（中国•武汉）　　电话：(027)81321913
	武汉市东湖新技术开发区华工科技园　　邮编：430223
录　　排：	孙雅丽
印　　刷：	湖北新华印务有限公司
开　　本：	880mm×1230mm　1/32
印　　张：	8.625
字　　数：	208千字
版　　次：	2023年7月第1版第2次印刷
定　　价：	68.00元

本书若有印装质量问题，请向出版社营销中心调换
全国免费服务热线：400-6679-118　　竭诚为您服务
版权所有　侵权必究

献给我的儿子牛牛

感谢你,让我在自以为是的年华得到了重新生长!

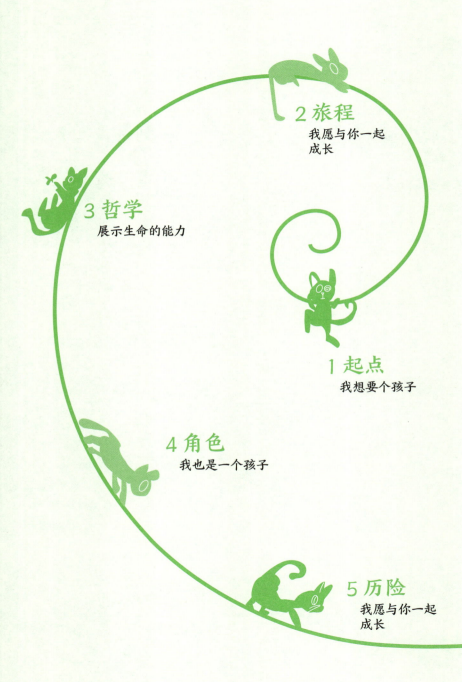

9 使命
馈赠生命的能力

8 艺术
我愿与你一起成长

7 格局
我养育一个孩子

6 故事
进化生命的能力

序一
陪着孩子一起幸福长大

倘若有人问你:"到底,什么才是生命的意义?"你可能回答不上来。我想,绝大多数人都会在这样的问题面前愣住。有个孩子却回答得很干脆,他说:"生命的意义就是去寻找意义。"这个孩子就是本书作者张阳的儿子牛牛。张阳用自己的成长影响孩子的成长,她在"成为母亲"的历程里幸福地实现着"陪孩子长大"的故事。

在亲子养育方面,我一向倡导梳理孩子的里程碑事件,张阳在这方面做得很好,也有着自己的思考。所以,我鼓励她把陪伴孩子成长的故事写下来,分享给众人,尤其是父母和教师。我特别告诉张阳:"与其告诉大家一些一目了然的知识,倒不如给他们一些你的思考。而待你写完了这本书,我来给你写序。"

如今张阳做到了,我也履行我的诺言。

我向大家隆重推荐《成长型父母:陪孩子一起幸福长大》这本书,因为在"快餐式文化""碎片化阅读""功利性学习"充斥的大环境中,它有着鲜明的特点与可贵的优势:

(1)这是一部很深刻的哲思录;

(2)这是一部很精彩的故事集;

(3)这是一部很实用的指导书。

更重要的是，这也是一部很深刻的哲思录。

书中讲了很多故事，有作者自己的故事，有电影作品里的故事，也有平常生活里的故事。这些故事不是为了讲故事才讲的，而是为了借由这些故事提出问题，引发读者去思考与联想。比如，开篇处写到张阳向儿子发问："假如，这个地球上只剩下两个人类生命的名额，其中一个是你，而另外一个由你决定，你会选择谁？"当这种有挑战的、能引发人思考的问题跃然纸上的时候，就已经足够扣人心弦、激发成长。

通过作者的思考来让读者有更多的思考，这是具有哲学意义的引领，正能量、抗逆力、积极心态、乐观人格等成长要素，都会让读者在阅读的过程中逐步实现自我完善，从认知的层面、思维的层面、逻辑的层面得到显著的提升。

所以，这本书所写的不只是一个亲子养育的话题，也是一个人生成长的话题。没有明确的答案，却能指引你找到幸福的方向。

这是一部很精彩的故事集。

作者不仅自己在思考，还带着读者思考。书里有一个连着一个的故事，不是一口气读完的那种，而是需要读一段消化一段，再读一段再消化一段，或者再往前翻翻、看看、想想，然后再继续往下读，往下思考。这是真正的学习与思考相结合着推进的过程，需要用心去品读。

现在的家庭教育很多都弄得过于落俗套，动不动就追求"一招鲜"的奏效方法，即便是读书学习也搞得这么功利。如果发现不是直接有用的"妙招"就立马判断为"无用"，"刷过去"，另求他法。这样，大家很容易错过真正可以引领成长的好书、好内容。

这本书，不是菜单式的，是故事体的。我觉得它的每一章都值得不断地读，不断地品味，不断地思考。

这是一部很实用的指导书。

张阳是一个优秀的启发者、唤醒者、带领人及引导师。书中有清晰的逻辑，每个篇章之后还设置了明确的认知练习，让你通过这个练习得到自己的认知水平的提升。只要你开始阅读，就启动了成长的开关，再按照每个提问作出真诚的回应，步步为营，实用智慧就产生了。

尤其匠心独具的是，作者在书中，用9部电影串起"父母成长"的命题，用真诚、自省、向内的笔触，引领广大父母开启了一场心智觉醒之旅，你从字里行间能看到一个母亲是怎样成功地养育自己的孩子，陪伴自己的孩子，以积极、开放、尊重的心态来对待孩子，助力孩子幸福、健康成长的。同时，你也会在具有实战智慧的每个认知思考与练习中获得觉醒的力量，学会重写自己的故事。

是为序。

岳晓东 博士（哈佛大学）
首都师范大学特聘教授

序二
无解命题的解法

日本作家伊坂幸太郎在小说《一首小夜曲》里有一段对话：

"一想到为人父母居然不用经过考试，就觉得真是太可怕了。"

"唉，要是真的需要考试，恐怕就没有人有资格做父母了，人类就要毁灭了。"

为人父母或许是人一生要面对的最难的考题之一，而且这是场长达几十年的考试，在漫长的岁月中，试题的难度并没有变得越来越简单，而是越来越纠缠和复杂。

我还没有成为母亲，但已经听身边朋友说过许多做父母的难处，其中不乏有人已经到了和青春期的子女无法沟通的程度，他们请求我与孩子见面，说自己的孩子也还爱好文学——"说不定你们有话说"。在和孩子们聊完天之后，家长一脸迫切地问我："你们聊了什么？他/她心里究竟在想什么？"父母不明白为什么孩子对自己竖起了一道墙，也不明白为什么自认为已经面面俱到、事无巨细，但在孩子看来，父母交上的答卷却是答非所问，漏洞满满。

做父母的难处究竟在哪里？我曾经参加过一个朋友孩子的百日派对，孩子的父亲并没有喜气洋洋，反而愁云满面，他说面对着这尚不会说话的一小团生物，他不知道该把孩子当作"我者"还是"他者"。

我瞬间明白了他的困惑。把孩子当作"我者",也就是当作自我生命的延伸,可那不就遏制了孩子独立意识的培养?把孩子当作"他者",也就是一个自主的生命,可孩子生命经验一片空白,难道不需要父母的经验作为指引?

面对这样一个看似无解的命题,本书的作者张阳给出了一个解法:孩子是"我者",也是"他者",家长应与孩子一起成长。

与孩子一起成长,这道理简单却很难做到。在张阳所写的这本书里,我们可以看到一个母亲真诚的努力。

她努力创造与孩子的共同回忆。书中最触动我的,是她和儿子牛牛一起去布拉格卡夫卡的墓前,讲述卡夫卡与父亲之间的关系,那段纠缠而痛苦的父子关系是文学史上经典的母题,难道小小的牛牛能理解吗?让我意外的是,张阳在卡夫卡的墓前哭泣,儿子则为她送上温暖。

她认真面对孩子的问题。当儿子问她:"什么样的孩子不可爱?"她没有趁机向孩子灌输一系列规范与准则,让孩子"更乖",成为更符合社会标准下的"好孩子",而是在反思之后告诉孩子"孩子都是可爱的",并且开始认真思考,父母对孩子的爱是责任,还是有条件的?

放下成年人的自大,与孩子平视或许不是一件易事,但可以对孩子造成巨大的影响。在我成长过程中印象最深刻的时刻,就是我的母亲向我承认错误的时刻,她说自己错了,她对我的规划太自以为是。在那一刻,我意识到大人也会犯错,同时意识到我是自己生命的舵手,我不应该把生命中一切错误、遗憾、不满都推卸给自己的家庭。

最后,每当家长让我给他们的孩子送句话时,我都会郑重写下:慢慢长大。不要仓促地、被动地成长,请充盈、从容地长大吧,等等你的父母。

蒋方舟
青年作家

序三
一本很诚实的书

张阳的《成长型父母》这本书，写得很诚实。

20多年前，我从美国回来做心理学。我走了很多书店，发现用心理学的方法和理论讲父母培养孩子的书很少，很觉得遗憾。

10多年前，心理学的书，尤其是心理学与孩子的教育相关的书多起来了，很受父母的青睐，许多父母说读了这些书收获很大。

现在，这类书已有很多很多，有人说都多到大有泛滥之嫌。这是好还是不好？我说这事不能一概而论，得看书写得怎么样。

一看写书人写书的态度。写书人最重要的是要有诚实的态度、诚实的学问、诚实的价值观。

二看是否有专业性，是否有做学问的底子，是否有严谨的治学能力。

三看写书人是否有一定的思想深度（或思考能力），就是要有自己的一些见解——这个见解对较多人有价值，而不是你瞎自恋、瞎"自嗨"。

我的专业领域很窄很局促——我做临床心理咨询这一块，因而这些年来读了不少与心理咨询专业关联较大的"父母与孩子的教育"相关的书，总体觉得现在有不少书写得不够好。写书的人本意是好的，可能是碍于专业弱一点，做学问沉下心来的时间少了一些，于是便出现了一些毫无生气、东拼西凑的情形，这个不大好。

但张阳的这本书，我敢说是真的好。我开首就表示过，张阳这本书写的内容是很诚实的，这个跟她的人格特质符合。张阳算是我的学生，我认真地读了这本书。她很早就跟我说要写这本书：用她比较专业、擅长的哲学和心理学的视角，与父母们分享关于家庭教育、父母与孩子共同发展的话题。这一点我是特别支持和欣赏的。当前我们的家庭教育出现了一些肤浅化、"重术轻道"的现象，这个是我们要特别警惕的事。每个孩子都是一粒充满无限可能的种子，如果他们长着长着发出了"精致的利己主义""伪善的阿谀奉承"的芽，那么大抵是因为他们的父母在不经意间为他们提供了相应的土壤（环境）。可是，哪个父母愿意孩子成为这样一类人呢？不经意现象的背后，是父母少了些厚一点的思考——这亦怪不得这些父母，他们缺乏厚一点的、思考的素材和触点（直白地讲是缺了些引导）。张阳的这本书跟她的人一样，正在提供这些可贵的东西！张阳还真是做了件有价值的事。

我读完《成长型父母》这本书，告诉了张阳我的一个担忧——会不会深了一点，文字婉约了点？她倒不担忧，她说："中国现在有文化的父母其实很多。"

那就好！

冯耘
德瑞姆心理学院校长

序四
养育孩子是个概率问题

本书探索了父母和孩子之间最大的秘密：关于命运循环，关于彼此重塑，关于共同成长。作者张阳以多重身份完成了一次挑战。假如你为人父母，或是一位教育从业者，请倾听她给出的洞见：

孩子令父母重生，父母伴孩子成长。

作为一名父亲，我很幸运地"收到"了上天派来的两个孩子。老大是女儿，聪明而敏感，像我一般和这个世界若即若离。老二是儿子，外表敦厚，心地善良，常有让人意外的幽默和智慧。4岁时，他爬到床底下帮妈妈捡东西。妈妈谢谢他，他说："妈妈，你应该感谢上帝创造了我来帮助你。"

然而，如你所知，养育孩子的繁重，以及付出不见回报的失望，是无法靠美好的言语来治愈的。世界各地的父母都无法逃离某种二元对立的困境：是精心养育，还是自由散养？

张阳在本书中，构建了一套可实践的系统，试图带领父母爬出"洞穴"，开展一场细腻而壮阔的人生之旅。这其中有教育的专业、心理学的牵引、哲学的支撑和电影的魅力。对比起一般的养育类书籍，本书对读者有更大的期许，也会带给你更丰盛的收获。

孩子的成长，完全是一个概率问题。这是我的观点。例如：郎朗很成功，他的家人是如何"成功养育"他的？人们对此充满好奇，满大街也都是类似的经验和案例分享。但问题的关键是：郎朗家人养育他的方式，多大概率上能够令一个普通孩子获得成功？如果该概率小到和买彩票中头奖的机会一样，那还有意义吗？

这个话题再往深处，就是二十世纪科学界最大的颠覆：牛顿以来构建的"决定论世界"被"不确定性世界"替代了，数百年来人们信奉的"普遍因果律"不再完全正确。即使是在严密的物理学的世界里，科学家也无法根据已知的"因"，得出充分的"果"。

物理世界姑且如此"不确定"，更何况作为复杂系统的生命呢？高普尼克关于"园丁与木匠"的隐喻，正是对物理学家们的唱和：木匠对应着决定论，园丁对应着非决定论。她主张父母要做园丁，而不要做木匠。而在本书中，作者有更进一步的观点，也许父母与孩子是互为园丁和花朵的。

我是一名"贝叶斯定理"的信徒。父母的成长，和孩子的成长，是一个贝叶斯更新的过程。没错，孩子的成长是个概率问题，但不是扔骰子的那种古典概率问题，而是一种基于主观概率的快速更新，从而令孩子能够以有限的"人生样本量"实现强大的进化理性。有趣的是，这也是AI（人工智能）的底层逻辑。

请不要被我充满科学范式的话语所误导，本书作者所讲述的内容，要生动、有趣、实用得多。她做过老师，也帮助过不少学校构建理念体系，还有心理学的功底，以及丰富的教练经验。我请张阳对我的新书和举办的私塾做过指导，她给出了非常有"实战性"的建议。显然，她是一位直面世界、主动出击、解决问题的挑战者。

马克·吐温说："人有两次生命，你出生的那一天，以及你知道自己要做什么的那一天。"很遗憾，大多数人只有一次，其中又有许多人是平静而无望地活过此生。孩子未必给我们第二次生命，但孩子能带给我们某种可能性：重新思考自己此生要做什么。

喻颖正

"未来春藤"创始人，公众号"孤独大脑"作者

导言
养一朵"正绽放的自己",如何?

◎为什么要写这本书

其实,我没有花太大力气养孩子,而是投入了更多精力在养自己这件事上。这是我常常挂在嘴边的话,以此来回应那些向我提问该如何养育、培养、教育、管教孩子的父母。

我期待能够换个角度来回应,以影响更多身为父母的人在面对孩子时能够同样地换个角度来投入时间和精力。我想,我们需要面对的关键人物,恰恰不是孩子,而是我们内在的自己。我们之所以对孩子的成长感觉劳心劳力、苦不堪言,很大程度是因为我们把关注点放在了孩子身上,让孩子成为满足我们内在需求的载体,而忘记了自我关怀,忘记了我们内在的那些需求——需要面对,需要被满足。

心理能量贫瘠的人是拿不出爱给予他人、给予伴侣、给予孩子的。我们每个父母都很不容易,选择幸福的方法会让我们更幸福,选择痛苦的方式会让我们连带我们的家人跟着一起不幸。那么,换个角度,把关注点放在我们成人自己身上,关注自己的需求,满足自己的需求,去试着做一个温润的人,做一个有光的人,会不会生出更多的能量?养育孩子这件事,又会因此如何变化呢?

我想,需要长大的对象首先应该是我们自己。父母的使命,则是在原本自以为是的年华里,以孩子的到来为契机,开拓一条崭新的生命之路出来,重新生长。就是这样一个朴素的初心,让我有了写这本书的理由。

◎这是怎样的一本书

在这本书里,我要强调的是在养育孩子的历程里遇到挑战是一种常态,我们需要做的不是心存侥幸地去发现趋利避害的捷径,也不是消极应对地去无奈放弃与逃避,更不是抱着经验与技法不放、固执己见,而是要自觉且积极地投入自己的觉醒历程中来,有意识地开启"成为父母"的核心信念,有归属感地去探索生命意义的真相,有力量感地去接纳养育孩子的使命,智慧而优雅地——重塑认知的回路,提升心智水平的维度,每天成长一点点。

为了帮助读者在心智上有效且顺利地升维,我对本书的框架进行了设计,分为三个层级:觉察、探寻、创造。每个层级的进阶,都用三个篇章来实现;每个篇章都由同样的三个部分组成阅读路径,即提问、体验和反思。这本书将陪伴你循序渐进,在九个篇章的九个维度中一轮又一轮地完成"提问""体验""反思"路径所带来的螺旋上升式的成长,从混沌的浪漫,到价值的精确,到意义的实践,每上升一个层级便成长一个维度,而这一切的发生都将和你的投入程度相关。

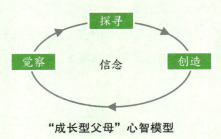

"成长型父母"心智模型

需要说明的是：这里的"提问"是一种教练法，是我向你提出问题，将在每个篇章前引导你回顾过去的经验，深度探索自己已经存在的记忆回路；这里的"体验"是一种认知心理学、积极心理学的应用，即便我所呈现的故事你没有亲身经历过，但你依旧可以凭借关联、联想和想象形成专属于你的独特体验，在这种新体验中再完成专属于你的记忆回路重塑；这里的"反思"是被我们绝大多数人忽略的技能，反思即智慧，而这种智慧需要在前面的"提问""体验"后自然而然地生成，你会因此重新看待自己的过往、自己的当下、自己的未来，形成一种能认知自己行为的认知，也就是心理学中提出的元认知的能力，实现"跳出自己的头脑看自己"和"走进孩子的内心看孩子"的心智旅程原点的唤醒。

在这个过程里我提出了三个隐喻，来联结我们彼此之间的关系——我权且把自己当作"唤醒者"（提供觉察和思考），会在每一个"路标"（提问和引领）处等着你的到来，我不知道你是谁，你也无须预设，可以把自己当成一个"不预设的小孩"。

◎这本书适合什么人

这本书适合所有人，曾经的孩子，如今的父母，正在带孙辈的祖父母，计划结婚生子的年轻人，单身的爸爸或妈妈，和孩子没有血缘关系的抚养者，教育行业的从业者……凡是跟孩子打交道的人，没有年龄的限制，没有领域的界别，没有文化的差异。本书将提供给你全新的思维模型，以生命的意义为目标，发现使命的路径与可能，各得其所。

◎如何使用这本书

通过我的文字带领，加上你的深度投入，我们将组成跨越时空的二人团体，共同成长，一起有目的、有意识、有觉察、有专注地促成当下的发生，这种发生不仅仅会在你我的精神世界里相逢，也会毫不遗漏地在你我各自的生活中平行展现。为了帮助你，我的觉察都更加接近公正的状态，我既没有选择很多我自己的故事，也没有选择你或你身边的人正在发生的故事，而是选择了电影里——虽存在距离却可以反复阅览与品味——的故事，最好不带有任何判断地，只是单纯地觉察它、注意它，实现一种比较广义的、宽泛的、非严谨的，类似在心理学中被称为正念疗法的过程。

我所有的文字，你可以把它们当成是在做冥想时的引导语，没有要教会你什么，没有要教导你什么，只是一种声音正和你遇见。你可以完全没有功利心地试着听听看，做一个"不预设的小孩"。可以说，这是阅读这本书的方法。

◎这本书能带给你什么

指望孩子独立完成成长这个过程，或许不切实际。我想在这一点上，绝大多数人已经达成共识。每一种成长都需要铺垫和酝酿，而我们正是良好环境和支持系统的有利提供者。只有父母在不断地成长，我们的孩子才能更好地成长。能够静待花开的人，都曾默默为花耕耘。这朵花不是我们的孩子，而是给孩子提供养育环境的能力主体，即我们自己。未来将属于那些具有独特思维、与众不同的人，即有创造型思维、成长型思维、共情式思维、模式辨别式思维、探寻意义型思维的人。成长为"一朵花的样子",必定是心存使命的人才能"绽放"出的美好姿态。

养一朵"正绽放的自己",听起来就是件很酷、很有魅力的事。学会阅读,学会反思,学会书写,学会行动,学会分享,让年过不惑的自己在自以为是的年华重新得到生长,思维和行为交互螺旋上升,成为具有创造力的母亲,激发孩子与生俱来的天赋,弥补学校与社会支持的不足,升级生命价值与意义的观念,潜移默化地影响孩子的视野、灵魂与行为——这是我成为母亲的策略与方案。在这本书里,我会将此毫无保留地分享给你。

所有的教育,都是从复杂开始的,没有简单可言。

所有的变革,都是从父母开始的,没有缺席可言。

所有的成长,都是从练习开始的,没有突变可言。

所有的未来,都是从现在开始的,没有穿越可言。

父母的使命,到底是什么?

我没有答案。

期待和你一起探寻,即刻启程!

·目　　录·

● 心智旅程，你正在哪个起点？

＜浪漫的觉察·认知＞

成为父母：心智觉醒的3段起点

1　荣归自己：非你莫属的起点　　　　　　　　　—3
　　一半故事，找到养育的信念　　　　　　　　　—4
　　一半责任，确认自己的使命　　　　　　　　　—11
　　一半心智，发现成长的系统　　　　　　　　　—18
　　认知练习：荣归自己　　　　　　　　　　　　—26

2　点燃火花：品味共生的旅程　　　　　　　　　—27
　　共同成长：不是"计划"，是"状态"　　　　　—28
　　亲子冲突：不是"问题"，是"题目"　　　　　—38
　　解决方案：不是"立场"，是"关系"　　　　　—45
　　认知练习：品味日志　　　　　　　　　　　　—54

3　练习离开：鼎盛年华的哲学　　　　　　　　　—57
　　适度地"展望结局"　　　　　　　　　　　　　—58
　　理智地"向死而生"　　　　　　　　　　　　　—67
　　主动地"筹划回忆"　　　　　　　　　　　　　—74
　　认知练习：闭合记忆　　　　　　　　　　　　—79

● **死都不怕，你还怕改变自己吗?**
　　<精确的探寻·动机>
　　重写故事：自我肯定的 3 步力量

4　关怀自己：拟一个内在成长的角色　　　—83
　　打理一座花园，拥有"家"　　　—84
　　找回生命原貌，创造"家"　　　—92
　　解锁"清窝"密码，修复"家"　　　—99
　　认知练习：自我关怀　　　—106

5　跳出重围：赴一场颠覆观念的历险　　　—109
　　不讲条件，遇见"可爱"的哲学　　　—110
　　不求完美，觉察"野蛮"的执念　　　—114
　　不被捆绑，奔赴"存在"的证据　　　—123
　　认知练习：欣赏探询　　　—131

6　逆风翻盘：写一页赋有信念的故事　　　—133
　　命名故事，启动"拥有"思维　　　—134
　　宣告故事，释放"天赋"潜能　　　—142
　　追求故事，激发"优势"人生　　　—148
　　认知练习：故事大师　　　—158

● **命题创作,你绕过了多少委屈?**
　　<综合的创造·情感>
　　馈赠礼物:创造意义的 3 种智慧

7	即兴智慧:请求帮助的格局	—161
	选择"醒来":当末日来临	—162
	面对"事实":当意外发生	—167
	请求"帮助":当能力有限	—175
	认知练习:请求帮助	—188
8	深度养育:探索平衡的艺术	—189
	弗雷德假设·视而不见的全貌	—190
	埃舍尔纠结·原地踏步的前进	—198
	莫比乌斯环·自以为是的信念	—205
	认知练习:平衡之花	—215
9	超级礼物:启动馈赠的使命	—217
	定义礼物:唤醒自己会提问的能力	—218
	创造礼物:永不放弃的感恩之旅	—226
	馈赠礼物:启动不设限的五重人生	—233
	认知练习:五重人生	—241

结语　播一粒"令人心驰神往"的种子,乐在其中　　—243
致谢　　—247

创造

觉察

探寻

心智旅程，
你正在哪个起点？

<浪漫的觉察・认知>
成为父母：心智觉醒的3段起点

1 起点
我想要个孩子

2 旅程
我愿与你一起成长

觉察

3 哲学
展示生命的能力

1

荣归自己：非你莫属的起点

"生养孩子可能是随机的，
成为父母却一定要有备而来。"

- **一半故事，找到养育的信念**

◎从非你莫属的故事里辨识信念

我曾向我的儿子牛牛提出过一个假设，我说："假如，这个地球上只剩下两个人类生命的名额，其中一个是你，而另外一个由你决定，你会选择谁？"

牛牛非常困惑地回答说："妈妈……或者爸爸……"看着他为难至极的样子，我笑了，告诉他："宝贝，你第一时间选择亲情，我好感动。你不知道选爸爸还是选妈妈，你不想离开我们任何一个人，是不是？妈妈好爱你啊，不管你选择谁，我都会支持你，因为我相信你有你选择的理由，而且我也相信你的理由一定有充分的合理性。"牛牛听我如是说，偷偷地舒了一口气。

"然而，这不是一道情感排序题。"我继续微笑着说，"我的问题是，假如这个地球上只能留存下你和另外一个人，你会做怎样的选择。换个角度思考，你是想自己好好活过这一生就好，还是希望人类的基因得以继承、繁衍？"

"妈妈，那我知道了，我希望人类能繁衍下去，我决定选择一个和我一样大的聪明可爱的小姑娘。"牛牛眯着眼睛腼腆地笑着，但无比坚定。

每一天的清晨，我们都不知道这一天的答案是什么；每一夜的回顾，我们都不曾知晓题目是什么。说不清的题目，也是题目；可是，如果能说得清，那我们会过得更有价值——对生命做出另一种可能的建构，探寻信念（渴求），发现抉择（自由），勇敢实现（责任），生出无限的期待。就像牛牛很清楚，活着，不是选择"自己"已知的"需要"，而是选择"意义"未知的"想要"，去经历那个超越自我的价值、成就、关系以及内在的欣慰与深刻的喜悦，创造足以流传的故事。

我在"给父母的幸福逻辑课"开头常常会问我的学生们："请问，你期待自己的孩子在未来成为怎样的人？"爸爸妈妈们总是会有很多描述，大有停不下来、说不完的趋势，恨不得把孩子的一生、孩子的孩子的一生，好几代的故事，一口气都讲完。有的人会谈及幸福、快乐、健康、衣食无忧这样的状态，有的人会期待独立、乐观、坚毅、勇往直前这样的品格，也有人描述得很具体，期待孩子可以从事牙医、公务员、大学老师等职业，拥有体面、高薪且稳定的工作与生活。

然后，我会问第二个问题："请问，你期待自己成为什么样的父母？"此时，爸爸妈妈们会突然转变画风，急刹车式地暂停畅想式的思维，回归理性思考，面部表情也迅速地从眉飞色舞切换到眉头紧锁，毫无底气地唉声叹气与怨天尤人，觉得根据实际情况而言，自己能做的甚少，或者说自己很忙没时间做些什么，更有甚者认为自己没什么好期待的，只能这样了，希望都在孩子身上，之所以选择来上课，也是希望能够学到引导孩子成长的方法，而不是要让自己做什么改变。

看起来似乎每个人都回答了我的问题，而实际上却并没有谁做出正面的回应。为什么在孩子那里，我们就能使出洪荒之力编故事，轮到自己了，就要闪烁其词地让故事消失呢？明明是个共同事件，却因为角色的不同产生了双重标准，可以说"双标"是很多父母在养育孩子的场域里感到无力的症结所在,而这个本末倒置的标准拟定者恰恰正是我们自己。毫不夸张地说,所有困境都是我们自己给自己设下的结界,想要打开原有的封闭系统、连接到完全不同的世界,需要我们有强烈的意愿与信念。

"狐狸知道很多事情,而刺猬只知道一件大事。"丹尼尔·平克(Daniel H. Pink)认为这则古希腊谚语为解释左右脑"分析细节"与"纵观全局"的差别提供了有效方法,即左脑是"狐狸",右脑是"刺猬"。借用这个隐喻,我们可以看到我们在期待孩子的时候是多么像只"刺猬",充满了感性思考与直觉化的判断,更加关注孩子的发展、变化与未来趋向的可能,不停地向外"出招";而我们在期待自己的时候是多么像只"狐狸",充满了偏执的逻辑思考与分析,认定自己的体系、类型与细节都无法改变,其实更多的是不愿意改变,不断地向内"隐藏"。

我们往往忽略了一个关键,那就是众多脑科学的研究成果告诉我们左右脑不是独立运作的,它们之间有强大而复杂的交流系统,我们需要练习的不是左右脑切换技能,而是需要强化连接、平衡与适配的意识,让"狐狸"和"刺猬"更多地同时出场,将"实用性"和"意义性"相结合,刻意完善一种全新的养育思维,做成长型的父母,创造属于自己的养育风格。

养育孩子,本身不是一个"问题",而是生命的意义在向我们"提出问题"。每当我们看见"问题"的时候,"意义"也就随之展现出来,带给我们责任与使命——非要实现不可的那些信念,无论多么痛苦都可以忍受的那些历程,不管他人目光如何也不会轻易放弃或改变的那些选择、坚持与执着,都是我们给出的对自己生命的专属解读与独特回应,没有他人可以取代,就连自己也无法重来,特定时刻里特定的你演绎的那个特定的故事,一个非你莫属的人生——就像一帧特写镜头的画面，呈现出你相信你看见了、听见了、感觉到了、想象到了的那些特有的信息，只有你才真正知道如何回答以及如何揭晓其中蕴藏的秘密。

如何才能从"问题"转换到"意义"，而后生出"故事"呢？

让我们接续我给牛牛提出的假设，请问，如果你的孩子也已经像牛牛一样选好了活着的使命，而你不得不退出他的世界，最后的时刻你会如何回忆与识别"什么是你最大的幸福""什么是你最大的遗憾"？请闭起眼睛，就在此刻，你心中想到的是什么？（可以在计时器上设定1~5分钟的倒计时，提示音响起时再睁开眼睛，这是你重新回到生命原点的时刻。然后再往下看。）

如果你已经照做了，你会发现这几分钟的时间是如此短暂，却又如此漫长。短暂的感受来自你用最快的速度锁定了幸福，也锁定了遗憾，原来生命如此简单；漫长的因由在于你有太多太多想要记起却说不清理还乱的过往，原来自己正体验着一种从未有过的感受，我管这样的感受叫作"被填满的空洞"，我们明明觉得生命被填得满满当当，每天忙得不可开交，却在想要找到最重要的东西的时候，是那样的匮乏与无力。不得不承认，我们想要的很多，能够留下的有限。

我做完这个练习时已泪流满面，不是因为悲伤，而是感到幸运，就像抚摸着一场滚烫的人生，重新打量这个外在的世界和内在的自己。

我们时时刻刻都站在生命的原点——选择"问题"的人，则选择了不想做、做不到、没必要做的思维逻辑，对于这样的人来说，此刻已然一生；选择"意义"的人，则选择了愿意做、试试看、突破边界的思维逻辑，对于这样的人来说，故事才刚刚开始。"故事"是我们人生必备的载体，以跳出被填满的空洞，来燃起希望的火花，重新找到成长的起点。

◎ 没有开机的仪式，也不会有结束

有的人没有故事，于是想创造一个故事；有的人已经有了故事，于是想给故事一个结局。然而，故事的仪式不在开始，也不在结束，是一直在路上。

电影《飞驰人生》先导片中的独白，如同我们故事的画外音，正合时宜地在我的脑海中淡入与淡出——"没有开机仪式，因为我们知道，故事不是从开机时才开始。这一路，有很多微小的变化，默默发生；这一路，也有很多坚持，从未改变；这一路，跋山涉水，有数不清的辛苦。没有关机仪式，因为我们知道，故事不会就此结束。"

还有两部与《飞驰人生》相关联的电影——《后会无期》和《乘风破浪》，也都是韩寒的作品。这三部电影都与成长有关，都以"路"为人生的隐喻，看似不同的故事，却都对人生的重要阶段进行了深层解读。那个在《三重门》里向全世界宣告"我是金子，我要闪光""七门功课全部红灯才能照亮我的前程"的韩寒呢？韩寒还是韩寒，只是已通体升级，不是对这个世界妥协，而是经历一场成长洗礼后的淡然，人生的意义不是用"怼"可以成就的，恰恰需要静观百态、不疏不亲的哲学，智慧才得以显现。我们如何做才能在恰当的起点抓住恰当的时机、做出恰当的选择？一个人该如何创造自己的故事，又该如何给自己的故事以想要的结局？

《后会无期》讲的是几个离开家乡的年轻人在自驾的路上重新选择人生。我记住了他们的呐喊："你连世界都没观过，哪来的世界观？""忠于自己，和你喜欢的一切在一起，让自己无可取代。"

《乘风破浪》讲的是一位赛车手因为一场生死穿越而有机会了解了自己的父亲,儿子与父亲之间所有的怨恨与疏离都因此一笔勾销,虽然物是人皆非,所幸花了一大把力气,终于跟过去的自己达成了和解。《飞驰人生》故事的主角同样是赛车手,同样有过冠军的辉煌,也曾同样地不屑于世事,怼天怼地怼万物,直到有人把一个婴儿丢弃在他的车上,于是"父亲"这个角色让他对真正的自己有了全新的认识。

就这样,一个人一直在路上的生命仪式在这三部电影中关联成了一种成长:在"后会无期"中勇往直前地提出问题,我是谁——谁的青春不迷茫?可我相信"活着就是为了改变世界";在"乘风破浪"中峰回路转地学会接纳——我就是我——不管是父亲还是儿子,可以不认同,但要学会尊重;在"飞驰人生"中笃定地主张,从"我不是我"到"超越自我",我愿意承担比自己更重要的事,养育孩子与荣归自己都是我的责任。

路,不需要有很多条,无限性对于我们来说没有那么重要,重要的是我们要选择一条有信念的路——荣归自己。

◎认知,不分厚薄或深浅,是系统

简单来说,我们可以把关于对自己态度的认知分为四个层级:第一层,以为自己什么都知道(自以为是);第二层,知道有些事是自己不知道的(谦卑躬行);第三层,知道这个世界上还有些事存在于自己不知道的不知道的维度(向上探索);第四层,知道自己知道的到底是什么(向下端详)。如此进阶,我们就会走向自己理解自己的最高水平,成为一个会反思的人,能够知晓自己做过什么,此刻的自己正处于什么状态,以及将来计划要做些什么。

我们每一次站在人生的路口做决策，都不是在放弃什么，而是在选择什么，不管那一刻的自己正处在认知层级的第几层，都在为我们想要活出的人生做着无意识的铺垫或有意识的完善。如果我们在极其主动地思考、规划与行动时，能把这个过程纳入其中，不断刻意提升自我评价的能力，那么我们想要的幸福状态也就会自然而然地呈现在眼前。那些曾经"被填满的空洞"也会因我们"有意识的成长"而成为力量的来源。

就像《后会无期》《乘风破浪》《飞驰人生》展现出的每个生命周期里的隐喻，只要我们将成长纳入思考的范畴，就已经有了起点，接下来就是如何走出属于自己的路了。这是个"向下端详"自己的时刻，我们尽可能地让自己站得高一点，再高一点，不是在回头看一个平面，而是向上站在山顶后再向下来俯瞰人生——曾经走过的自以为是的青春，曾经走过的谦卑躬行的历练，曾经走过的向上探索的渴求，一步一步地走成了如今自己可以看见自己的路——正盘旋向上，没有格式化的开始，没有走到尽头的结束。

翻开这本书的人，想必大多都跟我一样已经走入了另一半故事。这个"一半"不是时间轴线上的平分，而是生命状态上的分隔，从拥有孩子的那一刻开始，我们的人生便不同了。就像在电影《飞驰人生》中，有人问张驰"这五年你都干什么去了"，他起初的回答是"不知道谁往我车上放了个孩子"，可后来的回答却是"我去做爸爸了"。

<u>我们需要意识到这其中的差异，我们不是要"养个孩子"，而是要"成为父母"。</u>

• 一半责任,确认自己的使命

◎你准备好了吗

做一个父亲或母亲,确也常常是随机的,就像电影里在车上捡了个孩子的张驰,就像生活里突然看见检测棒上两条红杠杠的你,就像发现自己怀孕后问自己"你凭什么做母亲"的我,我们都准备好了吗?

一个孩子突然降临,是你的,荒诞吗?不荒诞。张弛看到车上有个孩子时的表情,跟我们将刚出生的孩子抱在怀里时的心情是极其相似的,都在不停地问自己"这是我的孩子吗",同时在内心惊叹着"这简直就是个奇迹"。经过几天的适应期后,我们才慢慢接纳自己面对的是一个全新的生命。这个生命很特别,已然成为我们的责任。

曾有人问我,为什么要强调"成为父亲""成为母亲",不已经是父亲和母亲了吗?如果你也有同样的疑虑,不妨去看一部纪实电影《何以为家》,去看看一个黎巴嫩男孩赞恩,他是带着怎样的伤痛与无助站在法庭上大声地说:"我要控告我的父母,因为他们生下了我。""我想让大人们都听一听我的话,我想让那些不能照顾孩子的人不要生孩子,否则长大后能回忆的是什么,是暴力、虐待、侮辱或者殴打吗?"我们并不是那样无知与失德的父母,赞恩也不是与我们有任何相干的孩子,而他说出的每一句无奈都会让我们心生忐忑，忍不住下意识地问自己："你有好好照顾你的孩子吗？"

生个孩子，就像那个激情却未知的欲望；成为父母，才是那个需要付出代价的历程。如果只因为生了一个孩子就以为自己已经是父母，那还真的是一种谬赞。生养孩子可能是随机的，成为父母却一定要有备而来。

孩子的降生就像一把钥匙，启动了一个了不起的开关，那就是我们确信孩子需要我们"成为父母"：

这是一场"生命教育"，关乎爱、信任、赞赏、支持与陪伴。随着孩子的成长，我们不是要默念"这是我亲生的"，忍气吞声，而是要重新审视自己，决定并选择"成为更好的自己"，以此扬眉吐气。

这是一场"生涯设计"，关乎才干、知识、技能、兴趣、品格与优势。孩子的独立人格日益觉醒，不是他们在叛逆，而是我们需要保持距离地跟上，学会尊重生命的边界，同时给予最强有力的支持。

这是一场"幸福人生"的模样，关乎持续地投入、觉知、自律、坚毅、庆祝，还有成就与意义，让生活成为我们最好的作品。

现代思想家、教育家梁漱溟先生在给青年人讲"人生的意义"时曾说："整个宇宙是逐渐发展起来的。天、地、山、水，各种生物，形形色色，慢慢展开，最后才有人类，有我。人之有生，正如万物，自然而生，顺其自然，并无目的。我未曾知道，而已经有了我。讲人生不好说有目的。人生虽不好说有目的，但未尝不可说人生有其意义。人生的意义在哪里？人生的意义在创造！人生的意义在创造，是于人在万物中比较出来的。而是不是创造，要看是否用了心思;用了心思,便是创造。"

关于创造,梁漱溟先生说有两个方面:一个方面是表现于外,名之为"成物";另一面是通达于内,名之为"成己"。而"成己"与"成物"往往不分先后、因果、彼此,是同时实现的。

"成为父母"与"成就孩子"便是这样不分先后、因果、彼此地同时实现,你准备好了吗?

◎这是我的决定

"有的人活的是造型,有的人活的是人设,而我活的是本事。"

《飞驰人生》中的这句台词说得是何等的硬朗,这种硬朗不是张弛用驾驶技术换来的,而是他生命智慧的淬炼——张弛捡到的孩子与他没有任何血缘关系,在寻找线索弄清楚孩子来源的过程中,他渐渐地不再纠结这个孩子从何而来,而是开始决定接下来如何去做。

张弛即便冒着违规的风险参加地下比赛,也要去争取为这个孩子上户口以及解决上学问题的机会,他因此失去了汽车运动协会的教练资格,全部奖杯被没收,面临广告商和车队的巨额索赔,不仅破产,还欠下巨额外债,被判禁赛。张弛这样的经历是平常人难以遇到的,但我们一样会遇到因为孩子而与自己事业相矛盾充满焦虑的时刻。虽然这个世界的真相是随机,而非确定,但面对老天抛给你的挑战,你接还是不接的决定权始终在你自己的手里。

张弛接下了所有发生的一切,他毫无怨言,一边偿还各种欠款,一边脚踏实地卖炒饭,成为一个乐观、积极的父亲。他决定养育这个孩子,他决定让自己成为父亲。

我曾在2008年汶川地震的浩劫中问自己:"如果你此刻已经不

在了,请问你为这个世界留下过什么?"站在生命的原点,我意识到提问的力量,也意识到我想要的故事的存在。第二天我从西宁出发去了塔尔寺,祈福苍生安康,并许愿"我想要一个孩子"。我没有宗教信仰,所以那不是一种寄托于神旨的祈求,而是关于我的一个决定的见证,就像佛陀有菩提树,而我有塔尔寺,都是生命里的标记,用以注解思维在时间与空间里的拐点,那是生命意义觉醒的里程碑,我意识到自己的使命——不是"生个孩子",而是"成为母亲",这是我想要的故事。

就这样,一个轰然有声的背景,一个归于内心的圣地,一个认知原点的意识,一个有仪式感的故事,在我的内心完成,诚实而有力量。如果说,在那之前我从来没想过生养一个孩子是一种自由,可是在那之后我都会说:自由,只是我们故事的一半,而另外一半是责任。当我们有意识地创造故事,使命感也就成了唯一的方向。

这是一种无条件的自我超越。我决定成为母亲,不是经历生命浩劫后的应激反应,不是对国家政策的跟风响应,不是我要去做别人都在做的事,也不是去做哪个人希望我做的事,而是我知道我要成为怎样的自己。人,最终都会成为自己,但绝不是环境的产物,而是你自己决定的结果。

成为母亲,是我的决定,是我的使命,是我要创造的故事,但并不是我要向每个人强调的生命意义的普遍性,也不是我生命意义的唯一性。每个人都有属于自己的独特使命,在不同的时期、不同的意识维度里以不同的形式显现。这都绝非易事。

在这样的决定里,孩子是最好的动力,不管这个孩子是不是亲生的。父母的责任从来不是被"捡来"的,成为父母也从来不以血亲来定论,而是一种有意识的、自由的选择,是一种觉察到自己重要性的责任,我们意识到自己有做父母的价值,我们决定为此付出时间和精力。当我们不停地问，亦不停地想，终会越来越清晰自己的来路，也会越来越笃定自己的远方——原来，所有的曾经，都只是我们一半的人生；原来，所有的后来，才是我们故事的另一半。

你，选择了——成为父亲；我，选择了——成为母亲。我们选择的不是父母的角色和岗位，我们选择的是在我们自以为是的年华里重新生长。只有让自己走在路上，才是对生命最有力的表达。

◎我要荣归自己

电影里的张弛赢得过五届中国赛车的最高荣誉巴音布鲁克拉力赛的冠军，是这项赛事记录的保持者，他曾认为自己就是巅峰，即便再强大的对手在自己眼中也不过是输的那个。他看不起输的人，也包括自己。

可当张弛承担下所有责任，将孩子养到五岁的时候，孩子提出了质疑，问他为什么从没看过爸爸参加的任何比赛，为什么爸爸现在不再当赛车手而是卖起了炒饭，为什么家里的赛车服和外卖员穿的制服一模一样，是不是假货？从来没承认过自己输的张弛在那一刻意识到，给孩子的爱不仅仅是吃饱穿暖的物质保障，还要让自己的生命展示出最好的状态，活成孩子的榜样——原来自己输不起的不是比赛，而是一个父亲该有的样子。

父母是面镜子，孩子会从中看到最好的自己，也能看到最糟的自己；能看到生活中最美好的时刻，也能看到生命里最卑微的境遇。没有什么能让已经发生的事情不曾发生，但我们依旧可以努力让未发生的事情如愿以偿。

张弛决定放下曾经的自己，陪孩子一起同步成长。他申请汽联听证会，积极重考驾照，邀约团队伙伴，取出所有积蓄，他要拿回重返赛场的机会,将自己的荣誉赢回来。"巴音布鲁克,1462 道弯,109 公里,耍小聪明,赢得了 100 米,赢不了 100 公里,绝招只有两个字:奉献。把你的全部奉献给你所热爱的一切。"张弛回忆着自己曾在做教练时给众多赛车手介绍这个魔鬼赛段时的情景,他比谁都更加清楚,这段路曾让他失去了所有方向,直到看见平凡——有了身为父亲的责任,才找到了唯一的答案。他要用轰轰烈烈的行动来表达重新回到赛场的意义,用生命诠释给下一代:最好的教育莫过于"荣归自己"。

当有人嘲讽他已年老技衰、早有后生可畏的时候,他回应:"只有一个人对自己失去了信心,他才是真正的过时了。"当有人采访他,问他为什么那么想赢的时候,他说:"我没有想赢,我只是不想输。"当有人质疑在 1462 道弯的视线盲区里无人领航是无法完成的任务时,张弛坚信这场比赛他要赢下的不是 4000 多米的海拔高度,而是一个父亲山一样的伟岸,越过山顶,才会飞驰人生,"这不是驾驶的技术,这是驾驶的艺术。"

70 后、80 后才能理解的天马流星拳,成为电影主角重振人生的招牌动作,看到电影里出现特效的那一刻,我便知道"圣斗士"的人生才刚刚开始。当看到他的对面是一头狮子的特效时,我笑了。坐在我身边的儿子牛牛问我:"妈妈,你笑什么?"我在观影后给了儿子这样的回复:《圣斗士星矢》的作者车田正美因为狮子座流星雨而提出了圣斗士的概念,主角也曾想用狮子,后来为了取"天马行空"之意改用天马座,但"天马流星拳"的流星雨原意依旧保留了下来。所以,"张弛"要"灭掉"的"林臻东"真的是对手吗?不,那只是世界上的另一个自己。而"星矢"正是自由之箭的意思。于是,我们可以很好地理解电影里的最后一个镜头,张弛驾驶赛车飞出赛道,笔直地冲向阳光的寓意——自由之箭,张弛间，见光明。

我们大多没有驾驶过赛车，但都有过爬山的经历。当你面前没有山的时候，你可以无动于衷；一旦你见过山就会惦记爬上去的感觉；一旦你爬过一次山，就会惦记站在巅峰之上的视野；一旦你有过登顶的经历，你就拥有了不一样的人生。在这个过程中，光有欲望是不够的，还要有坚定的信念，因为就算是装备齐全、补给充足，你也要考虑心脏的耐力、摔伤的概率，经历肌肉的疼痛、缺氧的威胁，还有回不来的风险。

这是一条需要勇敢与专注、需要热爱与付出的路，"张弛"驾驶的已经不是赛车，而是和儿子"张飞"一起成长的"飞驰人生"。即使没有坐在副驾驶上的领航员护航，只能成为这条路上最孤独的车手，也阻拦不了他想要奉献给自己热爱的一切的决心。

当看起来母亲是这个社会更习惯接纳的养育主体的时候，父性教育的细腻、宽厚、蓬勃才更是我们人类共同成长亟待重视与实现的必要部分。

我之所以会选择使用电影里的故事来与你交流，是因为我们可以毫无压力地凭借其中的某个人或某件事来洞悉生活里的细节，艺术会将我们本不在意的东西适度地放大，也会将我们过度看重的东西合理地缩小，让我们学会看见、理解、品味、反思，择取有益的部分为己所用，没有什么能比电影里的故事更生动的了。

这是重塑认知系统的应用方案，即把自己当作旁观者，以此开始，这会比直接让我们改变自己容易得多，也会更加有效。

• 一半心智，发现成长的系统

◎ 关于答案

法国哲学家贝尔纳·斯蒂格勒（Bernard Stiegler）曾在一档为青少年开办的哲学讲座中谈到成人与儿童的哲学形态存在差别时说："随着年龄的增长，人们丧失了从事哲学的能力，丧失了惊奇于各种事物的能力。哲学家经常认为，成年人随着远离童年也远离了哲学。"哲学，对于儿童来说是一种形式上的简单，这种简单在于"问题来了"，"哲学也就来了"。

提问，是孩子们最擅长的事。孩子们有着许多的"为什么"，越是不知道的越要问，越是好奇的越要问，越是危险的越要问，越是爸妈不会的越要问，越是老师避而不谈的越要问……

成人的反馈却各不相同。

认为答案重要的成人分为两类：A类会选择直接给答案，不论对错，认为有告知能力的形象才是关键；B类会选择找到权威答案，即便自己不行，但可以找别人解决，认为结果才是关键。

认为答案不重要的成人也分为两类：C类会选择指责，一脸愤怒地说"哪来的那么多为什么"，认为一切都理所应当的就是这样；D类会选择赞赏，满眼星星地说"这个问题太好了""你是怎么发现它的"，认为研究过程才是关键。

到底哪一种反馈更有价值？不言而喻，我们都能意识到D类人的回应方式与反馈内容才更有长远的意义。

这本书里不提供答案，但愿意和你一起找到探索的路径与行动的方案。听起来很简单，做到有点难。因为需要你的信任和投入，你需要把自己当成一个孩子，回归儿童的好奇；你需要把孩子想象为成年人，郑重其事地回应——然后问问自己"如果我以这样的信念将这本书读下去会怎样？""如果我带着所有真诚做完这本书的练习会发生什么？"带着哲学家的气质来拥有幸福人生的底线，这是一种意识，这种意识可以在不断探寻的提问中避免僵化，以保持自己的新鲜，每天成长一点。

这让我想起米兰·昆德拉在《生活在别处》中写过这样的话："最糟糕的不在于这个世界不够自由，而是在于人类已经忘记自由。"你需要的不仅仅是美好的愿景，而是即刻做出选择的行为，"别处"固然是个未知的世界，只有你的思维长了腿迈开来、走出去才能看见，才会拥有真正的辨识力与选择权，否则就会一直停留在"原处"。此刻的你，是正在探寻"别处"，还是坚定地选择"原处"？你有一个特别明确的理由吗？一个停在"原处"不动的理由，一个足以令自己心满意足的理由。对于我来说，"别处"给予了我无限的感召力，不去不行。

如果你愿意成为同路人，那么接着往下走：一半心智用来觉知内部的自己，一半心智在于关注外部的世界，让自己与世界关联，流动成一个丰盈的体系。

◎关于意义

生命的意义，确是一个真实的维度，可我既不能为你指出这个维度的方向，也不能教会你测量这个维度的方法。我只能说：方向,不仅有前后左右、东西南北,还有向上;方法,不仅有经验主义、唯利是图,还有信念。

养育这回事,就像巴音布鲁克的赛程,没有任何缓冲区,看的是谁在逼近潜能极限的同时犯更少的错,我们过的每一个弯都没有重来的机会,0 岁、3 岁、6 岁、12 岁、18 岁、25 岁……心理学家们发现的重要生命周期里都潜藏着不同智能、行为、人格等发展的关键要素的形成与演化,不仅仅是孩子逐步长大的脉络,也同样是父母需要有意识领先一步主动去跃进的阶梯。我们需要有和孩子的成长同频向上的信念。

美国前国务卿奥尔·布莱特曾说:"职场中的母亲都有同一个名字,叫内疚。"为什么呢?因为人们惯性地认为,完成事业和做好母亲是有冲突的。我原本也以为,作为一个女性,不管你是当总统,还是做全职主妇,都是同样值得被赞赏的。可当我成为母亲后,我会思考的是,为什么只能选一边?为什么不能实现一种平衡?为什么自己的成长和孩子的成长不能共同实现?是的,我很想试试看,就像《飞驰人生》里的父亲一样,走一段荣归自己的路,可能并不容易,却充满了吸引力。就像我写作这本书,不仅为了你我,也为了孩子。

张弛说他被禁赛的每一天都在脑海里开 20 遍巴音布鲁克的 1462 道弯,五年就是三万六千多遍,他记忆每一个弯道,时刻准备着重返赛场。你呢,有没有为了什么热爱的、想要奉献的一切做出过如此这般的投入?

探寻生命意义的人所关心的,绝不是简单的有事干,而是开拓使命与责任,要做就做头等重要的事;绝不是消耗生命地牺牲,而是关乎愉悦与擅长,要做就做足以胜任的事;绝不是被动地等成果,成活率永远无法代替那个打心底里想要的成就感,要做就做激情澎湃的事。

我们都需要从无意识到有意识地回归，这又何尝不是我们的"飞驰人生"。冲出所有的阴霾，找到摩擦力的极限，跳出固有的盲区，打开认知的边界，过好眼前的每一道弯，全然地奉献——给你所热爱的一切。

生命的意义，不是概念，是历程。

我是母亲，却更深知父亲在孩子的人生中是多么的重要，焦虑的母亲常常与缺失的父亲同时存在。韩寒的三部电影中关于路的意象在我们的眼前铺成了生命成长的节奏，像极了"父性教育"三部曲——《后会无期》，每一个父亲都是从年轻时的"离家出走"开始看这个世界的；《乘风破浪》，每一个父亲都曾与自己的父母有过成长的对抗，而后开始学会了担当；《飞驰人生》，每一个父亲都在以孩子为镜的反思中学会接纳世界，学会荣归自己。我写下这些文字，献给父亲，献给即将做父亲的人，献给不做父亲依然愿意担当起这个社会"父性教育"的人。

当我们将自己置身于世界当中去发现，而不是将那些潜在的意义搁在心里，生命就不再是一个封闭的系统，会成为一个流动的回路。

回路的模型，我们在初中物理课中都学过，在电路板上（即生命的愿景板），要让充当电阻的灯泡（即生命意义提出的问题，也就是挑战）亮起来，需要进行三步操作：

第一步，准备好必要条件，包括电源（指你的能力，包括信念、情绪、志趣、人格、知识、技能、才干、视野、道德与经验），导线（相当于方法、路径以及可以利用的各维度资本），接点物料和相应工具（是保障价值计划和执行实现的重要关系与环境）。

第二步，梳理并选择好亟待解决的关键要素，然后设计路径——要么是单个电阻的简约回路，只做一件事，只爱一个人；要么是在这个回路上多设置几个电阻进行串联，电阻间具有因果关系，一个解决了，下一个也就解决了，这样迎刃而解的安全感会给你更多自信，也可能是逐格进阶、升维与跃迁的关系，精深练习这个串联关系的维度，关联自己、他人，然后是更大的世界；更加可能的现实是，你有多个要素需要同时兼顾，那么，你就需要使用并联的方式，同时完成多个不同领域里的挑战，学会平衡生活里的爱、事业、家人、孩子、学习、朋友、兴趣爱好、社会期待等等。值得关注的是，这个并联的世界是立体的，不亚于紧紧环绕太阳（你是自我系统的核心）的金木水火土各大星体，每一个独立的系统都足够庞大与复杂。

当然，以上的三种路径多数情况下可能同时存在。这也是你焦虑、迷茫、无力、拖延的深度来源，因为它们并不像在电路板上以平面的方式呈现，让你一目了然，而是非常多维的一团混沌，不要说头绪找不到，就连属于你的要素是什么都可能看不清楚。

那怎么办呢？

第三步，准备好充分条件后，问问自己，我最想要的是什么（渴求）——例如，我的电源能量（你已拥有的）和需要输出的能量（你想拥有的）匹配吗？如果不够匹配，是选择充电（自我提升与完善），还是调整输出（欲望的指数或个数）？我的导线（规划、设计与方案）拥有足够应对电流的通路吗？如果不是，是需要重塑思维，还是掌握新的策略与方法？我的接点关系稳定吗（支持系统，包括人的环境、社会环境、自然环境等）？如果不是，那么更加积极有效的关系该如何创建？在这个世界上，没有人会处在绝对孤立无援的状态中，只要你愿意打开门或者推开窗，都会对接到另一个世界。

"生命意义回路"就这样摆在你的面前。这是一个你打算超越自我的时刻,一个你正向面对的可以将"问题"转化为"题目"的契机。如果你没有在这一刻行动起来进入"解题状态",那很可能你一辈子都不会去做了,因为很多时刻都无法重来,过期不候。当你将"问题"转化为"题目"——不是问"到底怎么了""为什么这样",而是问"我的现状是什么""我还可以做些什么""怎么做""做成什么样子"——这个时刻,便是你的人生意义显露的时刻。

很多父母来咨询时都会告诉我:"我的孩子什么都好,就是没什么动力,学习还可以,但并不知道为了什么学习,以后要做什么。上初中的时候他知道自己的目标是考上好高中,可是上了高中之后就非常茫然,觉得生活没意思,什么事情都无所谓、不在乎。"

这样的孩子和父母都同样地处在"问题"人生之中,应对问题是常态,似乎每天都在做着不得不做的事,并没有将眼前的一切从自我开始设计成发自内心想要去探索、规划、实现的"题目",也就没了奔头和对未来的向往。一个人如果丧失对生命意义的期待,也就失去了持续幸福的蓬勃之力,又何谈活出心花怒放的人生。

此刻,你已经生出了一种能量,这种能量的名字叫"紧张"——生命意义的追求,不是完成"内稳态的平衡"而留在"原处",而是唤醒"内动力的紧张"去探寻"别处"——这种"紧张"是一种已经完成的和有待完成的任务之间的"紧张",是一种当下状态与理想状态之间的"距离",这个距离正是你可以为之奋斗的"选择与价值",是你愿意遵从潜在使命召唤的"感受与历程"。

那个理想中的未知的未来,从来都不是陌生的世界,而是从来都属于你的崭新的世界。你可能会说这好难懂,我也非常地赞同。曾经有哲学家说过,毫不费力就能理解的东西会毫无吸引力;而有些事物之所以充满了吸引力,其原因就在于人们对它完全不理解。

谁会对一个一目了然的事情感兴趣呢？这就是人的本性，对简单事物厌倦，对困难事物关注，而且——越是理解起来困难的，越是令人费解与惊奇的，越是不容易达成、充满挑战的，越是能燃起我们一探究竟的欲望。

而"养育孩子"和"成为父母"就是这样的载体。关于"不知道的不知道"，犹如"人类失落的秘符"，唯有相信才能看见，而不是看见才去相信。生命意义的存在，即如此。目标是意义，而不是结局。

◎关于开关

面对"成为父母"的责任，我们要追求的不是不问代价地消除差距、制造苦难或者鼓励廉价的成功，而是要学会抓住养育的契机。

几年前，我的儿子牛牛很迷恋人物传记，在阅读了一些插画故事体的书后，他对我说："妈妈，这些书确实很好看，但内容不够丰富，我要看更厉害的传记，你能送给我吗？"对于他的这个请求，我当然高兴得立马应允。斟酌后，我推荐了享誉世界的卓越人物本杰明·富兰克林（Benjamin Franklin）的自传。

富兰克林的一生拥有众多角色，作家、哲学家、科学家、发明家、外交家、政治家。可这些都不是我想要的推荐语，因为每一个标签都是外人给予的，并非富兰克林自己——他的墓碑上只简单地写着：富兰克林，印刷工人。

我对牛牛说："有一个少年，他17岁离开家乡去了别的地方，在那里成为一名印刷厂工人，后来的每一年都有属于他的大事件发生，不仅影响了那个地方，还影响了一个国家和世界，他一直工作到82岁，84岁去世时墓碑上的介绍却只有'印刷工人'四个字。

你想了解这样一个人的一生吗？我觉得，他和你很像，和你一样地喜欢阅读，喜欢做研究、发明、创造，还有对这个世界的善意。所以，我把他的传记推荐给你。"

当我们想要推动孩子走进某个意义回路时，首先要给孩子一个有选择权和控制权的开关来完成"喜欢情感启动"，接下来才会顺畅地发生彼此联结这回事。对于牛牛来说，我的推荐语里有他会喜欢的"熟悉"，那就是富兰克林和他有相同的兴趣爱好和美好品格，还有每个孩子都希望自己会成为对这个世界很有用的人的价值需求。而这个"印刷工人"到底是如何做到的，成为意欲探索的"新意"，也就是我没有透露的他"不知道"的部分，那是我抛给他的"渴求"。于是，牛牛还没有拿到书的时候就已经开始喜欢这个和自己很像的人了。当他开始阅读后，每翻阅到一处可以满足"渴求"的文字，都会成为他阅读的"奖赏"。然后重新启动"更喜欢"的开关，继续投入阅读，再得到奖赏。接下来，往复循环，直到完成整本书的阅读。这还没有结束，他会意犹未尽，继续探寻更多他想要的"渴求"与"奖赏"，了解更多人、更多事、更多思想的维度。

对于我来说，这是一个母亲对孩子成长的战略性引导，我不得不承认还有很多推荐语是我没能说出口的——说了，可能会适得其反——比如我非常看重富兰克林的13则人生信条，其关键词包括：节制、节言、秩序、决心、节俭、勤劳、诚实、正直、中庸、整洁、宁静、贞节、谦逊，这些都太有教化的指向，即便牛牛接受了推荐，也是被动完成的。

让孩子主动想要阅读，而且带着渴望去阅读，才是我要做的事情——我需要提供给孩子的不是论断，而是让他自己去发现可能。一个孩子的思考维度往往比成人更广袤，因为他们还没学会偏见。

和孩子一起幸福长大，不是什么虚幻的假设，而是可以实现的能力。不管是给父母的认知课,还是给青少年的成长课,或是给女性的亲密关系课,我都会在内容上将两点引导设计其中,那就是我们已经"拥有什么"和我们可以"创造什么",然后再去找到"喜欢情感启动"的开关,唤醒潜在的渴求,在成就里得到有奖赏感的反馈,不断完善意义回路,成为持续增长的力量。

幸福的关键,不是静态的满足,而是动态的构建。正如约翰·沃尔夫冈·冯·歌德(Johann Wolfgang von Goethe)所说的:无论你能做什么,或是你想做什么,行动吧!勇气本身就包含了智慧、奇迹和力量。认知,不是一个名词,而是一个系统,是一种行为。不要将你"读过"的书当作认知,那充其量只能算是你"度过"的美好时光,而只有投入到行动中刻意地、持续地练习,你才会真正"渡过"意义人生,成为抵达彼岸的人。

这个世界上,没有绝佳的养育方案,没有完美的人生脚本。

你是谁?别急着回答。

认知练习

荣归自己

—

请郑重地写下"非你莫属的起点"

「准备」参考文中提出的"生命意义回路",探索属于你的关键"题目",并尝试联通。

「思考」想要"荣归自己",需要找到哪些"非你莫属的起点":

1.(故事)你想要成为怎样的自己?
2.(责任)你想要成为怎样的父母?
3.(心智)你打算如何去实现你热爱的一切?

2

点燃火花：品味共生的旅程

"人总是要死的，干吗要费那么大劲儿活着呢，你懂吗？"

• 共同成长：不是"计划"，是"状态"

◎仿若天空

周六，五点半，起床。煮一锅汤，土豆，选最大的那颗，裙带菜泡发满碗。烤两个鸡腿，是之前盐焗好的，涂上酱料，融进新的味道。备几片面包和焦糖饼干酱，圆切两颗橙子，一并装入漂亮的容器中。磨半撮豆子，冲半杯咖啡，带上翻了半本的书，坐在牛牛床边的沙发上，一边喝咖啡，一边看书，一边等牛牛醒来。阳光穿过窗帘的缝隙照在被牛牛裹成蚕蛹状的白格子被上，慢慢地移动，突然被牛牛的脚趾头勾了一下，竟然也不溜走；完全不像我，竟然在这场意外里毫不淡定地怦然心动，还笑出了声……

"牛牛，太阳来喊你起床啦！"就这样，暖洋洋的一天开始了。

这个开始，是以投入欣赏这回事为起点的，接下来的事并不需要刻意预想或安排，就会从因赞美而心生的涟漪荡然开来，影响整个一天的情绪。很多时候，我们不得不承认，从某个角度来讲，人类活着就是为了找感觉，"我不要你觉得，我要我觉得"是深藏在每个人心中的潜在需求。如果你感觉好，你就会确实很好。

如果每天都如此开始，那定会成为照亮一生的暖意。

当一个人内心深处是暖的，能听见鸟鸣，能观察落叶，能触摸阳光，能怦然心动于细微处，体察美好，欣赏世界，那么也就没有什么能够阻挡他拥抱生命的意义了。

我喜欢这样的清晨，感恩自己可以醒来，感恩有一个小孩在睁开眼睛的瞬间对着自己笑着说"抱抱"，感恩自己有付出爱的能力、有欣赏世界的能量。

可能会有人说，每天忙得团团转，哪有工夫去看什么孩子的脚趾头动没动，哪有那么多闲情逸致去移情阳光有没有被挑逗。生活里尽是柴米油盐，天都亮了，饭都做好了，还不起床，叫了几遍都没用，接下来还要送去上几个辅导班，哪里还能有什么好心情？

以上的情绪，不是我的杜撰，有太多人曾向我求助：如何叫醒一个该起床却就是喊不起的孩子，最好还能不吵架、不冷战？自己能不能不生气？孩子怎么就不能自觉、自律？

每当听到这样的倾诉，我都会问相同的问题：如果孩子没按照你想要的时间起床，会发生什么？如果真的如你所想的发生了，会给你和你的孩子带来怎样的影响？那么这个影响严重吗？你认为你损失了什么，抑或有什么你想要的无法得到？

我得到的最终答案往往都是"害怕"二字，害怕孩子起晚了来不及吃早餐，害怕孩子因为饿着没力气学习，还影响身体健康，害怕孩子上学迟到被老师批评，害怕老师在群里找自己或私聊，害怕孩子学习成绩下降，害怕长此以往孩子养成晚睡晚起的坏习惯，养成有恃无恐的糟糕品格，养成什么都无所谓的习惯、不知道为什么活着……

因为喊孩子起床（事实）带来的挫败感（感受），衍生到了一辈子的想象（想法），想象太多太细致且比你其他的想法都来得根深蒂固，越想摆脱恐惧感，恐惧感越如影随形。

我们所有的焦虑与不安都并非来自孩子没有帮我们达成自己想要的结果的无常，而是来自深藏于我们对外部世界没有按照自己想要的样子发生的无常状态的恐惧。

从心理学的角度讲，所有的"害怕"都来源于内心的恐惧以及与事实发生的当下相关的假设，是一种思维失调的表现，这种表现来自人们并未觉察的某种核心信念，而这种核心信念，一半来自基因，一半来自后天。关于基因，我们每个人生来就被"编码"，在面对一件事的时候，或倾向于乐观解读，或倾向于悲观分析；关于后天，来自我们经历的民族文化、家庭环境、社会氛围的影响，理所当然地形成了代际遗传与亚文化经验主义。

阿朗·贝克（Aaron T.Beck）是认知行为疗法的创始人之一，曾提出"负性思维"这个概念，说的就是此番种种了，他把这样的内心对话称为"二流"意识（"second stream"of thoughts），认为这是一种"不健康"的思维方式。

要想从"负性思维"提升到"正常水平"，再提升到"乐观风格"，是个比较复杂的过程，我往往会带领我的学生进行长程学习与练习。我既是导师又是教练，我的学生既是学习者又是践行者，从知道到做到，逐步了解思维方式，建立属于自己的"元认知"（也就是对认知行为的认知）。

你如果认为自己是个有行动力的人，很想行动起来，我可以提供一个简单的方法给你，那就是我开头描述的"积极清晨"：

在每个醒来的时刻给自己讲一个正向故事，让这个正向故事因为想象而成为储存在大脑里的真实经验，然后再将这个故事里的细节一一执行，不管你做的和想象的内容是否完全相同，不管发生了什么，都如实记录下来——需要注意的是：只描述发生的一切，调动所有的感官，减少思考与分析，不评论好坏——坚持100天（至少三个月），便可豁然开朗。

没有任何成功是可以一蹴而就的，唯有投入时间和精力去刻意练习，才能升级思维，变革生活。

孩子卓越的最大可能，来自父母有意识的自我进化。要想实现和孩子一起幸福地成长，列计划是实现不了的，关键是要找到一种状态。什么样的状态呢？

藏传佛教上师索甲仁波切曾在他的著作《西藏生死书》中解读关于圆满的法门，归纳其概要，可以理解为：圆满是一种状态，本初的状态，全然觉醒的状态，是修行的心要，是精神进化的极致，并不像英文翻译"Great Perfection"那种带着历经磨难、苦旅方能圆满的感觉，而是它已是我们的本性自我圆满的状态，根本不需要去圆满"圆满"这回事，仿若天空，此为大圆满法。

对于我们来说，"仿若天空"是个需要用心思考的古老隐喻，也是个复杂的思维系统，貌似是对某种状态的描述，活成什么样子才算拥有了仿若天空的圆满？谁能给我们答案？

"圆满"这个目标着实诱人，以至于我们常常忘记了跟自己确认"天空是什么"，以至于在养育的路上也忽视了孩子想要的天空长什么样子，也不知道自己有没有在怎样的时刻曾给过孩子仿若天空的圆满。

我们已有的思维模型或者说逻辑风格，一直在帮助我们不断地观察和解读着一切，使我们的生活得以保持在自认的正轨之上惯常行驶，每有偏离出现，即使只是瞬间的念头，我们都会不自觉地赶紧想尽办法将其扳回到原有的轨道，甚至追求加速的快感抑或驶过某个站点的完美。孩子的天空长什么样似乎并不重要，重要的是"我想要的都在按预期发生"，这是很多父母在很多时候以为的圆满。

有人将成长设定为一种状态，一种本初的状态；有人将成长设定为一个计划，一个非达某个目的不可的计划。圆满与否，一因二道。无论是对我们自己，还是对我们的孩子。

带着以上的思考，我们去看看电影里的故事。

◎ **前景假设**

有一种父母叫"乔伊"。

乔伊是一所中学的兼职音乐教师，他期待可以引导学生们爱上音乐并能在音乐中找到忘我的状态，就像当初他的父亲成功引导他走进爵士乐的世界一样。可事与愿违，他带的是一群毫无生气的学生，学生们不知道为什么选择手中的乐器且还要努力练习，乔伊也不知道自己在琴键上敲出的音符有多少飘进了学生们的脑中或心里……

对于乔伊来说，生活与工作都不过是平庸的存在，自己的梦想很遥远，却仍存期待。收到校方入编邀请，将要转正的乔伊怎么都高兴不起来，黯然神伤地在内心低语：我的梦想不是给学生上什么音乐课，我要成为专业的爵士钢琴演奏家。

原本做代课教师时，乔伊会觉得自己的人生还处于探索的状态，一切都是暂时的，既然还没确定，那就还有各种可能；如今要有编制了，反而让乔伊心生迷茫——此刻的乔伊纠结的不是要不要选择一份不错的工作，而是要不要放弃曾经梦想中的自己。

不知如何是好的乔伊想要找人聊聊，却也只有母亲的裁缝店可以去，实在想不出别的什么地方或别的什么人——不是为了得到某种答案或人生指导，只是单纯地想要得到些安慰，在与理想的自己告别之前。

乔伊的母亲如绝大多数孩子的母亲一样，只接收到"我儿子终于有了全职工作"的信息，自顾自地高兴着，"每天祈祷的事终于实现了"——体面的工作，稳定的收入，医疗保险、退休金，生活有了最好的保障，诸如此类她想要听到的信息，却完全忽视了乔伊想要寻求的理解、安慰与鼓励——"你最好先计划好自己的生活，免得其他计划都落了空。我们省吃俭用供你上学，可不是为了让你人到中年还要靠我来贴补。就不要再琢磨那些没用的演出了，现在这个社会更需要多几个好老师，你不是最喜欢演奏钢琴吗？现在终于可以靠弹钢琴吃饭了，你会接受这份工作的，对吧？"

"是的，我会接受的。"乔伊跟绝大多数听完母亲摆事实、讲道理的孩子一样，一边在内心痛苦地叹息，一边在脸上露出无奈却不失礼貌的微笑，应允下这个只能接受的、没有选择的选择，还有想要收起来却怎么都藏不住的淡淡忧伤。

如果说忧伤是一种气质，那么乔伊已经具有了很多年。

手机来电的震动就像心碎的疼痛，接起电话的乔伊却熟练地瞬间切换到"社交脸"，随和又喜悦，这样都不需要经过思考与挣扎的、习惯成自然的伪装是多少成年人每天都在上演的自己，也只有自己才知道。

原来是多年前的学生打来电话，告诉乔伊自己已经成为多茜娅·威廉姆斯四重奏乐队的成员，当晚会在二分音符爵士吧演出。乔伊简直羡慕极了，迫不及待地打断学生的话，说："如果有一天能与多茜娅·威廉姆斯同台演出，那我真是死而无憾了。"

"你的机会来了。"因为钢琴手突然离开乐队而急需有人救场，学生想到了自己的中学音乐教师乔伊，于是邀请他去试试。

绝处逢生，不过如此。乔伊立即奔出裁缝店，轻快地走过地下通道，跃上台阶，横穿马路，疾驰的汽车抑或逆流的人群都阻挡不了他奔赴梦想的急切与激动。乔伊凭借一段忘情的即兴演奏顺利拿到了和著名音乐家多茜娅·威廉姆斯同台演出的机会。冲出爵士吧的乔伊兴奋地朝着天空大喊："看到了吗？老爸，我的梦想就要实现了。"紧接着又打电话跟朋友分享:"我通过了。""我有演出了。""还教什么课啊,我身份不一样了,我现在是名乐队的钢琴家了。"

兴奋过度的乔伊忘记了当下最重要的"看路"这件事,在躲过施工建筑的掉落物,与疾驰的电动车擦肩而过后,一脚踩进了马路正中央的下水井,乐谱就像还没来得及落地的梦想飞了满天,而身体和灵魂却跌进了黑暗。

乐极生悲,不过如此。乔伊在黑暗中看见了悬浮的阶梯,还有遥远而未知的另一端,正在去往"生之彼岸"(The Great Beyond)。"什么是生之彼岸?""你一定走得很突然,我106岁了,已经等这一刻很久了,多么令人向往。"有人向乔伊解释发生的一切。

"我不该在这里,我还有演出,我不能死,我得回去。"死亡对于乔伊来说,是无法接受的。关于这个无法接受的程度,你可能和我一样无法感同身受,毕竟你和我都没有死过。可是,即便我们无法了解它的全貌,却并不妨碍我们很确定地知道它的存在。

就像我们都有过从巅峰跌落谷底的至暗时刻——谁说那不是一种真实得如死亡般的窒息感呢?我们每个人都有过这样的经历,只是有的人选择刻骨铭心,而有的人选择了忘记。

著名心理学家丹尼尔·卡尼曼(Daniel Kahneman)曾与阿莫斯·特沃斯基(Amos Tversky)做过一项关于损失规避心理现象的研究,并在此基础上提出了"前景理论"(Prospect Theory),也被称为"预期理论"。这个理论讲的是,人们常常会存在一种心理特点,那就是对"收益"和"损失"两种风险的承受能力不对称,对"损失"的敏感和预判远远超出了对"收益"的渴望与满足,并且还会随着"收益"的增加,越来越不看重收益,反而更害怕损失。

"假如能学会爵士钢琴演奏就好了;假如能有机会做专业的演奏者就好了;假如能与多茜娅·威廉姆斯同台就死而无憾了;假如

就此改变人生成为著名乐队的成员,那我的身份就不同了……"乔伊一步步地把自己置于预期的遗憾之中,无法享受已经得到的幸福。

假如我能有一个孩子就好了;假如我的小孩能健健康康、没病没灾就好了;难道天才都是别人家的,这孩子怎么一点特长都没有;要是什么都不用我操心且学习成绩总是名列前茅就好了;怎么回事,看着哪都好,就是太胖了;怎么什么事都拖拖拉拉,能不能马上完成;我想静静,能不能不要来烦我……

我们又何尝不是那个明明很幸运却又并不自知的"乔伊"。

◎想象特写

有一种孩子叫"22号"。

奥地利作家斯蒂芬·茨威格(Stefan Zweig)在他的《人类群星闪耀时:十四篇历史特写》的序言里,曾写过这样的观点,他说:"我丝毫不想通过自己的虚构来冲淡或者加强所发生的一切事件的内外真实性并改变人物的真正内心世界,因为历史本身在那些非常时刻已经表现得十分完整,无须任何后来的帮手。历史是真正的诗人和戏剧家,任何一个作家都别想超越历史本身。"他说他写的不是历史故事,而是历史特写。

我很欣赏"特写"这个概念,不管是浩瀚的历史,还是瞬间的你我,没有人可以拥有揣测他人的高高在上的特权,也没有人可以坦然地说自己能够洞见世界的全部。对于已然发生的那些,曾经的我们都在特定的时刻做出了完全的表达,不需要也做不到后续的任何加工,但我们依旧可以因此去学会接纳一种事实,那就是这个世界的众多维度里有一种非常特别的维度,叫作"不知道的不知道",

在我们原本的经验之外。

这种"意外维度",不是别的,是我们的另一种常被忽视的隐藏智慧——想象。当我们开始使用"想象特写",超越的不是历史,而是自己。

乔伊·加德纳的特写是皮克斯工作室出品的动画电影《心灵奇旅》(Soul)带给我们的一种想象:原来在人类出生来到这个世界之前需要在一个被称为"生之来处"(The Great Before)的宇宙空间参加"YOU研讨会"以完善人格。只有探寻到生命的"火花"(spark)、得到一枚完整的胸章,才会拥有通往地球成为人的资格。

掉进下水井的乔伊无法接受抱憾而死的结局,在撕心裂肺的挣扎中穿越各种物理维度,之后掉落到了"生之来处",又阴差阳错地成为导师,需要陪伴指定的一对一辅导对象重塑灵魂,获得火花,奔赴地球。

当然,不是每个灵魂都能一次通关,最资深的灵魂22号已经在"YOU研讨会"设置的课程里修习了千百年,跟随过很多名人导师,包括甘地、亚伯拉罕·林肯、特蕾莎修女、哥白尼、穆罕默德·阿里、玛丽·安托瓦内特、荣格、阿基米德、孔子等,可是没人能够帮助他找到火花。这些大人物的显赫成就和地位,让22号很害怕自己不能胜任人的生活,或者说很害怕自己无法做到那么好,总之就是害怕自己会很失败。

乔伊恰恰成了22号的导师,他很想引导22号生出火花,可22号却摆出一副见多识广的表情说:"我早知道地球也就那么回事,不值去活一趟。"

乔伊很想让22号明白生活是值得的,他把22号带到"一生殿堂"浏览自己从出生到长大的画面。当所有的过往历历在目,乔伊意识到自己拥有火花的瞬间,是父亲非要拉着自己去听爵士乐的那天,当感受到"所有的旋律都是为了表达自我"的魅力时,一切都发生了改变,自己就是在那时爱上了爵士乐,并成了爵士乐手。

可在接下来的画面里听到的却是"你不是我们想要的""等你弹出名堂再来吧""我们想要更新鲜的风格"……被负面评价包围的乔伊不愿直视自己的人生,不禁慨叹"我的人生毫无意义"。

最后一个画面停留在医院的病床上,处于生死之间的乔伊无法放弃继续活下去的勇气和决心,他坚定地对22号说:"我不能接受就这样死去,我要回到我的身体里。"

"那么不如意的人生,乔伊都想继续活下去,到底为什么呢?"22号对生活产生了好奇心,有了探索的渴望。他想试试可以把自己逗笑的生活,那貌似并不难。有"挑战",但"不难",22号第一次拥有了做人的胜任感。"我帮你找到火花,拿到通行证,然后你把通行证交给我。"乔伊的这个提议让22号有了自由选择的权利,可以因为好奇探寻火花,却也可以选择不去地球生活。就这样,22号拥有了接下来的人生的掌控感。

没有显赫的背景,没有卓越的成就,没有让自己满意的生命片段作为履历,甚至连导师的身份都是借助他人名头实现的伪装,可偏偏自己意外地激发了22号想去地球成为人的憧憬——乔伊非常惊讶自己的力量,也更加坚定了要活下去的信念。

乔伊和22号在这个想象特写中成了共同成长的伙伴,就如同我们和我们的孩子,这难道不是最好的归属感吗?对于"父亲乔伊"和"孩子22号"来说,探寻火花的旅程就此开启。

人生所需的圆满不过是三种感受:胜任感、掌控感、归属感。

• 亲子冲突：不是"问题"，是"题目"

◎决定性瞬间

"父亲乔伊"很困惑。火花究竟是什么？为什么我们需要火花呢？为什么有的人可以早早地拥有，而有的人至死都不明白那到底是什么？

在思考这个问题的时候，我想到了现代新闻摄影之父、马格南图片社的创办者亨利·卡蒂埃·布列松（Henri Cartier-Bresson），他有一个美学见解叫"决定性瞬间"，即通过抓拍的手段，将具有决定性意义的事物进行概括，并用强有力的视觉图像表达出来。

如果火花就是那样的具有美学意义的决定性瞬间，会以怎样的视觉图像表达出来呢？或者说，如果我们想要引导自己或孩子去探寻属于自己的火花，该如何去行动呢？

如果"历史特写"是一种被动的记录，"想象特写"是我们具有积极性的某种思考，那么"决定性瞬间"则是主动的、有备而来的抓取行动——记录我们想要诠释的，抓拍我们想要品味的，是不是就掌握了一项新技能？

◎这是我的人生，听我的

很多时候，别人是否知道自己为什么活并不重要，重要的是自己得知道。22号带着乔伊来到"忘我之境"找到心理师月之风,月之风说只要让心灵和身体重新结合,乔伊就可以恢复健康,生活如常。

乔伊在心理师的引导语中调整思维的频率,渐渐对身体有了感知,对周围的环境有了意识:听到心电仪的声音,闻到消毒液的味道,感受到自己的脚趾,还有……意外却发生了,乔伊因为触碰到一团毛茸茸的东西时惊慌失措,竟把22号一起带回了地球。

"孩子22号"占据了"父亲乔伊"的身体,而乔伊掉进了那团毛茸茸的生命里,成为一只有灵魂的猫。

生活就是这样,当我们采用各种方式想和自己的内心好好交流的时候,好像总是会被打断,特别是被孩子打断的时候,我们会觉得自己的人生都被占据了,"怎么就不能拥有属于自己的时间呢?""你哪来的那么多为什么?""就不能自己玩,让我好好休息一会儿吗?""要不是陪你,我的那个方案早就写好了。"……

乔伊认为,这是他的人生,他要让22号帮助自己抓住成为专业音乐人的重要契机,完成那场演出,实现梦想,然后再想办法换回自己的身体。22号亦是有备而来,虽然还不明确自己想要投入生活的火花是什么,但他有强烈的想试试看的愿望。

乔伊,目标明确,计划周密;22号,混沌懵懂,充满好奇。

乔伊想用自己活过一次的丰富阅历指导22号该如何活成该有的样子,却遭到了22号强烈地抗议,就像关系紧张的父子。孩子正直青春期,父亲想让孩子实现自己的人生理想,而孩子有自己的主张,于是父亲指指点点,于是孩子莽莽撞撞。乔伊不仅将自己活在了计划里,同时也用道德、权威绑架了22号的心,使其成为计划中的棋子,不允许其拥抱生活。终于,"孩子22号"忍不住大声宣告:"现在,我是老大。"终于,"父亲乔伊"忍不住大声斥责:

"没有我,你连火花都找不到,会成为人吗?"

每一个父母都以为,没有自己就没有孩子,可是反过来逻辑是一样的,如果你没有孩子又怎么会成为父母?冲突的真相是:每个孩子都在等父母说"对不起",而每个父母都在等孩子说"谢谢"。

22号都做了什么?

他在理发店里跟老板要一根只有孩子才在意的棒棒糖,然后说出自己的困惑:"我现在不一样了,我本来一直待在生与死之间的概念空间里,安安静静地,既存在又不存在,在经历了266个导师之后,我开始问自己,这到底是为什么呢?人总是要死的,干吗还要费那么大劲儿活着,你懂吗?"

他在街角递一支棒棒糖给曾经奚落乔伊也被乔伊奚落过的人,并跟他说:"对不起,别生我的气了,好吗?我们还是朋友,朋友间开玩笑而已。"他得到对方的谅解。

他用手指在路边的栏杆上轻快地弹奏,躺在地下通风口感受气流的冲击,给地下通道里的歌手半块贝果面包,只因为他唱到了他的心里。

在妈妈的裁缝店里,22号以乔伊的身份对妈妈说了乔伊从未说过的心里话:"妈妈,除了音乐我什么都不想要。早上一睁眼我就想着乐谱,晚上在梦里我还在练钢琴。音乐对于我来说,不光是事业,也是我的生命。我知道我的父亲也是这样,他可以追求梦想,为什么我不行?我害怕如果今天我死掉了,那我就一事无成地过完了一生。"妈妈选择了尊重,为乔伊准备了父亲曾经穿过的西装并改到合身,告诉乔伊"我们一直为你骄傲"。

在爵士吧门旁的台阶上等候心理师月之风举行仪式时,22号看着树叶如蝴蝶般轻落在自己的掌心,那感受很美妙——开始回顾自己的短暂人生,从口袋里掏出每一处特写的代表物,说:"我之前总是说生活没意思。不过,你看,我发现了这么多东西。你妈妈就是用这个小可爱帮你改好了衣服;我紧张的时候,理发店老板给了这个棒棒糖;地铁上有人大声吼我,我吓坏了。不过,害怕的感觉也很奇妙。说真的,我总是担心是不是自己有问题,也许我不够好,不配活着,可是你让我明白什么是目标,什么是热情;还有,也许看天空就是我的火花,或者走路,我现在很擅长走路了。"

原来,22号突然意识到自己可以做选择,成为自己,如同爵士乐的灵魂是"即兴"一样,尽情地投入生活,体验自己和他人共同创造美好时光的过程,可以有节奏,可以有篇章,可以有转场,可以有喘息,可以更换角色,可以适配心情,可以迭代造型,可以创造风格……

乔伊没有回应22号,而是说着自己的观点,"这些都只是平庸的生活,根本就不是什么火花,等你回到'生之来处',可以再好好找找。""我从来没有像现在这样的感受。"22号沉浸在生活细节的美好感受里,不想把身体交换给乔伊,更不想回到"生之来处",他想留在地球上确认自己一直想要找到的火花。可乔伊的"梦想成真"就在眼前,只要能把身体换回来,走进爵士吧完成演出,自己就成功了,绝不能错过这个机会。

他急了,毫不留情地训斥道:"你现在喜欢音乐,只是因为你在我的身体里,等你回到'生之来处',可以去找自己喜欢的东西,快把我的身体还给我。"

22号也急了,大吼着:"不,现在坐在椅子上的人是我,我才是老大,我要找到我的火花。"

一个想控制,一个想摆脱,却都在内心喊着同样的话:这是我的人生,听我的。

互不相让、难解难分的两个人竟跌回了"生之来处",那枚徽章上的圆圈已被填满,是火花已经找到了吗?22号很诧异,不知道自己做对了什么。乔伊却充满不屑地说:"我告诉你是什么填满了徽章,是我,是我的火花填满的,因为你在我的身体里。""不,我有火花,只是我还不知道是什么。"22号很确信自己已经找到了火花。乔伊不依不饶地显摆自己的功劳,继续说:"在掉进我身体之前,你最讨厌的就是音乐。成为我之前,你痛恨一切。"22号刚刚燃起的一点点自信就这样在乔伊的指责声中消耗殆尽,"我什么都不是,我根本没有追求,我没有目标,我不配活着。"22号低着头,默默地将通行证交给了乔伊。

很显然,乔伊和22号都没能有意识地抓拍决定性瞬间,定格属于自己的火花。乔伊认为22号没有找到火花,而22号却获得了通往地球的通行证;乔伊认为自己的火花就是音乐,而"生之来处"的导师却说"火花不是人生目标,灵魂不需要找目标"。

火花,到底是什么?

◎ 我已经活过一次,该你了

乔伊回归了身体,在晚七点准时抵达二分音符爵士吧,完成了演出,获得了多茜娅·威廉姆斯的赞赏与继续合作的邀请。可乔伊的生命就如同爵士吧的名字,在这一刻敲响了另外二分之一的节拍——站在前半生与后半生的交接处,乔伊不再如刚刚接到邀请时那般兴奋,甚至有了些许的失落,他很不能理解自己的感受:"为了这一天,我努力了很久很久,现在终于实现了。可是——感觉竟没什么不一样。"

见证了乔伊人生转折的多茜娅看看乔伊,若有所思地回应说:"我以前听过一个关于鱼的故事。一条年轻的鱼游到一条年老的鱼身边，问：我很想找到被人们称之为海洋的东西。年老的鱼说：海洋？你正在海洋里啊。年轻的鱼说：这里？这里只是水，我想要找到的是海洋。"

乔伊回到家中，触摸黑白分明的琴键，心中浮现的竟都是22号留下的特写片段：妈妈的线团，掉落的树叶，理发店的棒棒糖，吃披萨时的迷人味道，给歌手留下的半块面包；还有被自己不知何时遗忘的特写时刻：仰望过的天空，学生的吹奏，镜子里的新发型，穿上父亲的西装……小时候母亲给自己洗澡时的笑容与温柔，父亲带自己听唱片时的爵士与沉浸，少年时骑行的林荫道中阳光洒下的味道，看见过烟花的绚烂，品尝过美味的布朗尼，在黑板上写下五线谱的光阴，将乐器交付到学生手里时的期待，曾经弹给年老父亲听的钢琴曲，曾经陪伴母亲站在沙滩上觉知海水冲刷双脚时的夕阳与风过……

生活与梦想融合为生命的作品，原来它们不是两回事。

乔伊意识到，自己对生活的见解有了巨大的改变，而所有的改变都来自22号对这个世界欣赏的反馈。因"孩子22号"而得到重新生长的"父亲乔伊"，不再自以为是地呈现自己高高在上的姿态，而是对给予了自己影响的"孩子22号"充满了感恩。

而此时的22号，原本就脆弱的灵魂，被"父亲乔伊"奚落得再度封闭，活过一场的火花已奄奄一息，在"都是我的错""我一无是处""我永远找不到火花""根本没意义"的强烈自责中堕入了黑暗之地，变成了迷失的灵魂。

乔伊请心理师月之风帮忙找到了22号并对他说："是我错了，你确实拿到了去地球生活的通行证。准备好了吗，去生活？"22号被乔伊的真诚唤醒，却依旧心有余悸："我有些害怕，我不够好，也没找到火花。""你找到了，火花不是人生目标。你想要投入生活的那一刻，生命的火花就已经点亮了。最重要的是，你很有爵士精神。"乔伊把自己的成长与领悟分享给 22 号，鼓励他去生活。

22 号有些犹豫，因为他害怕自己使用了通行证，乔伊就无法回去生活了。乔伊却说："没关系，我已经活过一回了，现在该轮到你了。我送你去吧！"

"可你到不了地球。"

"我知道，能走多远走多远。"

我已经活过一次，该你了。

不是你决定了一个瞬间，而是一个瞬间的出现被你觉察到，你把"问题"转换成了"题目"，恰到好处地使用了抓拍这个技能——于是，这个瞬间对于生命的意义有了决定性的功能。

"父亲乔伊"做到了对"孩子 22 号"的全新表达——我没有权利居高临下，也没有资格将自己的梦想硬生生地强塞给你，更没有理由剥夺你对生活的解读与选择，我愿意成为那个陪伴你一起成长的人。

• 解决方案：不是"立场"，是"关系"

◎生之爵士

"生之来处"的导师们对乔伊说："谢谢你，乔伊。我们的工作是启发灵魂，不过这一次我们自己也受到了启发。我们决定再给你一次生活的机会。你会怎么做，要怎样度过你的人生？"乔伊思忖了下，说："我不太确定，但我知道，我会享受活在当下的每一分钟。"

再次归来，连一瓣花的律动都在乔伊的心里荡起层层波澜，安静却浩大。生命里的种种都不再是"问题"，而是变成了可以细细品味的"题目"，解题的过程已然是一种圆满——"父亲乔伊"和"孩子22号"在灵魂的彼岸、来处、当下的碰撞与较量中双双完成了救赎，重塑关系，重塑自己，一场关于生的爵士乐才真正地开始。

原来，生活还可以是一场即兴的爵士乐；原来，灵魂还可以是一种叫作重塑的彼岸；原来，梦想还可以从正在建构的空间里回归进化的平衡。我们不需要去圆满"圆满"这回事，仿若天空，如鱼在海，回归本初，全然觉醒，修行进化。

电影《心灵奇旅》的导演彼特·道格特（Peter Hans Docter）曾谈起创作灵感的来源，他说自己在观看爵士乐大师赫比·汉考克（Herbie Hancock）的一段采访时得到了启示。赫比·汉考克曾有幸和前辈迈尔斯·戴维斯（Miles Davis）合作，但在伴奏中犯了一个技术上的错误，那次表演是整个巡回演出的重头戏，竟然出现了错得非常离谱的和弦，他以为自己一定会将迈尔斯的独奏给毁了。

可是，事实是并没有，迈尔斯只是深吸一口气吹奏了一些音符，原本弹错的和弦变得和谐了。从那之后，汉考克知道：所谓的"错音"，不过是一个"新声音"，无论发生什么，爵士乐手的意义就是去发现它的价值。

当你的心中有了对错，也就界别出了立场，也就会很容易丢失与孩子沟通及合作的契机。如果可以，我们放下一些所谓的经验与立场，充满热情与渴望地与自己、与孩子、与世界建立更加细腻的联结，接收到更多来自对方的信号，会不会也能与之合奏出更加美好的乐音，发现更加丰盈的意义，收获圆满而幸福的人生？

布拉德·威尔考克斯曾经写过拥抱刺猬的三个法则：1. 不要戴手套，让刺猬闻到你的气味。2. 不要着急，慢慢来，让刺猬放松警惕。如果它卷成刺球，竖立起全身棘刺，请保持冷静，耐心等待。3. 因为刺猬腹部没有硬刺而是柔暖的皮毛，所以应该用双手，从腹部将它抱起。让刺猬一点点地适应，直到让它觉得在你的手里待着很舒服。

曾经的我并不懂得这个法则，后来我学会了这一切——30岁的我有了自己的"小刺猬"，怎么可以继续用"不懂"来敷衍呢？既然做了母亲，就要有母亲的样子。所以，从儿子降生到今天，我用了近14年的时间来修炼成为一个母亲该有的样子——成为破译"信号"与"密码"的高手。

布拉德·威尔考克斯说，这个世界上，不会有两只完全相同的刺猬，但是通用法则却适用于多数的刺猬。同样，我们的身边，也没有两个一模一样的孩子，也不可能遇到跟自己一模一样的大人，但这些通用的法则依旧会对我们（父母和孩子或成人与成人之间）积极愉快的相处有帮助。

谁还不是只刺猬呢，都有自己的刺，都有自己的"立场"；可又有谁能离开"关系"呢，如何做才能拥抱自己和自己遇见的"小刺猬"？

20世纪的英国老牌演员Kenneth Cope曾写过一首歌《Hear Them Cry》，描写了孩子们长大后不愿意在人前哭泣，宁愿选择把眼泪流在心里的故事。歌里这样写道："隐藏的伤口会被发现吗？""你爱我吗？""你在乎我吗？""我是你生命里最重要的人吗？"我们需要怎么做才好？歌里告诉我们："倾听孩子们的哭泣，拭去他们隐藏的泪水。爱就是陪伴，倾听他们的哭泣。"

"倾听他们的哭泣"，重点不是"哭泣"这件事，而是他们没有说出口却真正想要表达的自己。每个孩子都是"演技派"——我们需要知道的不是表面的样子，而是他们间接说出或没有说出口的话，那些内心戏，那些潜台词。电影《心灵奇旅》中的22号正是我们所说的硬核演技派小孩，一个需要被看见的"小刺猬"，在期待后失望，在孤独中疗伤，为了拥抱生活耗尽所有力量，来来往往中遇见过很多人，始终在不自知地等待一个能看见自己的人。

法国电影《刺猬的优雅》中小女孩芭洛玛和《心灵奇旅》中的灵魂22号一样，觉得生活没意思，却因为遇见了那个能看见自己的人而完成了从放弃生命到选择活下去的转变——她说，我们都是孤独的刺猬，只有频率相同的人，才能看见彼此内心深处不为人知的优雅，我相信这世上一定有一个能感受到自己的人，他可能是任何人，在偌大的世界中，我们会因为这份珍贵的懂得而不再孤独。

在很多人看来，小孩们都不善于表达自己，要么怼天怼地怼世界地爆发，要么安静、冷漠地选择逃离、对抗甚至自杀，可是，只要我们稍作努力,就可以洞察与掌握他们表达的密码以及想要传达的信息,成为那个能够感受与懂得他们的人。

为了提升感知的敏感度,我们可以做一些简单且有效的练习来实现,比如:品味。

◎生之来处

"品味"的能力,我们每个人都有,只需要有意识地加持即可。想象着,我们也很幸运地回到"生之来处",重新看这个世界。

品味的维度有三重:从前,未来,还有当下。而这些维度也不过是一种相对论,就看你站在哪里,你的参照物又是怎样的存在,都是假设,也都是事实。

关于"从前",我们可以将那些不好的、给自己带来伤痛的、悔恨的记忆做细致的回顾,并在回顾的同时找到给自己带来收获的、积极的部分,然后去肯定自己做到的部分、学到的经验、增长的智慧,越详细越好,最好能想象到相关的画面、声音、味道等能够调动感官感受的细节。这样我们的过去就都有了积极的结果。就像乔伊在最后回忆起父母带给自己的温暖,关系也就重新建立了联结。

关于"未来",可以带着希望的感觉,不是某个确定的计划,而是一种通往理想的自己的信念,去想象未来时刻的自己正在做什么事,带着怎样的心情,表情是怎样的,和谁在一起,天气如何,有没有什么声音、气味,出现了什么动物、植物,体验到了什么样的触感,依旧尽可能地调动你的感官,画面越生动越会成为真实的发生。

关于"当下",可以看看还在熟睡中的孩子的脸,在心中轻轻地对自己和孩子说"我爱你""谢谢你来到我的生活""对不起，我有时候真的有些着急""可以原谅我吗？我愿意陪你一起成长"，从默默地表达真心开始做起。接下来可以试着感受身边的人，对一朵花、半盏茶都心怀感恩。这仍然需要调动你尽可能多的感官去体验妈妈掌心的纹路、伴侣嘴角的笑意、孩子抱住你时的温度、花蕊的形状、叶脉的走向、茶杯的质感、内心的色彩，等等。

"人总是要死的，干吗要费那么大劲儿活着呢？"或许，每一天的清晨，我们都不知道这一天的答案是什么；或许，每一夜的回顾，我们都不曾知晓题目是什么。但说不清的题目，也是题目；而如果这个题目能说得清，那我们会过得更有价值。此刻，你懂了吗？

要是人们都能知道"此刻的我"正在专注的事将要成为"未来的我"的记忆，决定一生的幸福，那么会不会因为这样的认知可以从不幸里走出来、跳出来，头也不回地拥抱幸福？

"品味"这个能力足以打开"想象特写"的思维功能，增加大脑积极经验的储备，在我们需要输出时调配与使用，以助力我们实现想要的自己，想要的关系，想要的成就、意义与价值。

◎生之彼岸

不管我们处在怎样的状态里，只要想重塑自己或孩子的生命，想重构自己和孩子的关系，都需要有意识地练习，把"计划"转换为"状态"，把"问题"转换成"题目"，把"立场"转换为"关系"，那如何转换呢？

操作起来很简单，只要换一种语言风格，你可以试试看：

把"我的计划是……"转换为"我想要的状态是……"；

把"我不行的是……"转换为"我可以做到的是……";

把"我认为应该……"转换成"我对此的期待是……"。

了解自己的需求进行自我关怀,了解他人的需求进行信息破译,都是抵达"生之彼岸"的捷径,"重生"是个每天都可以颠覆的概念。

当乔伊问 22 号:"你准备好了吗,去生活?"我的内心也跟着在问自己:"你准备好了吗,去生活?"紧接着我又问:"你准备好了吗,引导你的孩子学会如何做充分的准备,时刻可以奔赴生活?你有没有陷入某个别人都去做的计划中?你有没有'倾听'孩子的天空是什么模样?你是否有意识地主动抓取每一个决定性瞬间,让它成为生命的意义?合奏的能力,接错音的情绪,即兴爵士的精神,你都准备好了吗?点燃火花,和你的小孩共度成长的旅程,留下值得品味的一生。"

我们每个人都需要有意识地关注、觉察、储备与使用自己的心理能量,因为"心理能量"不是一劳永逸地一直存在,会在你只管使用而忘记蓄能的时候慢慢消耗殆尽。

曾有学生对我说:"张老师,你是怎么做到的?怎么做到和孩子相处得这样美好?真的好羡慕。我也想做到,可我真的做不到,我也知道什么是对的,也有尝试改变,无法坚持是我最大的困扰,还有就是改变的过程中总是很懊恼,明明读了很多书,似乎道理都懂,却越来越疲惫,越想做好越做不到,越做不到越沮丧。可你的生活,让我看到了希望。我很想知道做一件事,怎样才能持之以恒啊?"

其实,最具坚毅品格的人,也会有放弃目标的时候。科学研究显示,"坚毅"和人类的所有特质一样,都是一半来自基因,一半来自经验。基因帮我们写好了基础水平,经验则需要我们有意识地去修炼。

我总结了几条关键点,以养成坚毅品格,和你分享:

1. 信念越强大,成就越显著。

请问:你要开展的项目,你觉得自己会坚持多久?

2. 目标越明确,成就越显著。

请问:你要坚持的项目,长期目标是什么,支撑长期目标的短期达成要素是什么,做到了什么你就会认为自己做到了,有给自己制定打分机制吗,可以量化绩效吗,有适合自己的管理方案吗,你有支持资源吗?

3. 兴趣越浓厚,成就越显著。

请问:在你设置的项目里,有哪些是你擅长的,哪些是自己本身就有兴趣、有优势的,是你用这样的方式实现自己都会觉得愉悦的?

4. 韧性越高弹,成就越显著。

请问:你做好了失败7次、爬起来8次的准备了吗?

5. 投入越积极,成就越显著。

请问:你准备好了每天投入这项活动的时间和精力吗,每天几点钟进行、需花费几分钟,在什么环境下实现更有效?

6. 意义越深远,成就越显著。

请问:如果以上都可以,那么为什么还是坚持不下去,你真的有非行动不可的超越自我的意义感、使命感吗?

坚持的显性成果是需要由内而外生出的力量来完成的。我从来不给任何来访者任何明确的答案,因为这个世界上没有简单明了的万能法,不要去相信什么"四个行为助你坚持到底""五大方法教你摆脱拖延""六大指南教你带出省事的好孩子"的标题党教程,你以为"一学就会",实际是"一练就废"——废了之后,你就不信了吗？不，你还是会去寻找其他方法，因为你有一个根深蒂固的信念，那就是"速成"，但这样的行为多了你会越来越不自信，会认为自己没有能力做到，会误以为孩子没有办法引导。回到上面去再看看我写的六个关键点，好好想想，你真的想过"坚持"这两个字的意义吗？

"坚持"，既需要"坚"这个信念，也需要"持"这个行动，缺一不可。"坚"与"持"都需要给自己一个充分的理由——看看我写的第六个问题，忖度、思量、推敲之后，你确定你有不做不行的理由吗？

我提出的其他问题在此刻都不是问题，都只是可以支撑你的要素，只要你关于第一个问题和第六个问题的答案是明确的，就没有人可以阻挡你坚持下去的脚步，你定会踩出脚印、踏出节拍，欢欣鼓舞，成就满满。

每个人都有一个"内在的小孩"。他在告诉我们："很无聊，还是算了吧。""我做了这么多也没人理解，一切都不值得。""这个没做到也没那么重要。""我已经尽力了，我做不到，我就放弃吧。"……或许你曾焦急地捶胸顿足或泪流满面，却并不代表你真的想做些什么。

每个人都能成为"神圣的存在"。试着问自己："我要成为什么样的母亲或者父亲？""我要做些什么具体的事才能帮助自己？""如果我自己还没有足够的能量执行，我有没有可以信赖的家人、朋友、导师或者教练能够帮助我？""我是否不是做不到，只是还没有找到合适的方法？""这件事的意义和价值是什么，我是不是必须给自己一个非做不可的理由？""如果没有，那么放弃是否不是我不够坚持，而是一种选择？"……

我们的目标，从来都不是要让孩子做到什么，而是要让自己做到什么。要实现这个目标，我们需要理清自己"心理能量"的来源、加油的机制、输出的方法。而我们，本来就是智慧的存在，更别说还有孩子依恋于你，正在接受你所带来的影响，正在接收你所产生的能量。过去都已经写成历史，未来才是你正在创造的故事，只是需要你去探索，去看见，去欣赏，去感谢，去深爱。

回顾某个深秋的清晨，在送儿子去上学的路上，桂花满地的景象已经不见了，我一边挽着牛牛的手臂，一边抬起头望向天空，看见好多好多的树叶在我的眼前遮起了幕，却也留有斑斑点点的光，我意识到那是毛毛虫啃咬后的现场，想到一个艺术家做过的树叶画，就边走边给牛牛讲那位艺术家的创作：他将一片大大的叶片置于画面的中央，可叶子并不完整，而是布满了很多整齐的圆洞，被切下的圆点散落在叶片下端，画一条并不那么直的线成了地面，用最简单的线条勾勒一位老者，老者的手里正拿着扫把清理一棵树下落了满地的落叶。我看了之后很是感慨，原来一片叶子就可以是一棵树，让目光聚焦当下的细节，便放大了生命的想象。

当我的车快要开到校门时，牛牛说："妈妈，感谢你给我做的早餐，虽然我今天起得晚了没有吃到，但还是很感谢你；感谢你在路上给我讲树叶画的故事，真的很美好；感谢你出门时帮我系红领巾，虽然那只是一件小事。"

"我也要感谢你啊，我的小孩，谢谢你昨晚告诉我，妈妈亲手做了美食等你回家的感觉是幸福和温暖的；谢谢你愿意将自己的生活点滴分享给我，你的同学，你的老师，你的好朋友，所有人都那么生动；谢谢你让我觉得做妈妈是件幸福的事，因为有你那么爱我，无论我们吵了多大的架你都愿意跟我和好。"

这是个我们共同创造出来的又一个"积极清晨"。

一天就是一个"世界"。

世界是有维度的，在我的意识里，这个世界有时间和空间；有内部和外部；有知道和不知道；有相信和不相信……我们的世界到底长什么样，似乎与自己想的极为相关。如果每天都在学习新鲜的知识，了解陌生的技能，选一条从未走过的路试试，体验不同形态的自己，那么世界的样子也会一天一个样了吧。

有人把这样的人称为不断自我迭代的人，是有道理的。毕竟身体里的细胞最多需要 6~7 年就能实现完全的更新，思维的模式也一样可以在刻意练习中得到重塑。最新的科学研究告诉我们所有的一切都有改变的可能，包括我们的 DNA，我们的神经回路，我们的每一种内内外外的世界。

我的世界的维度里，其实还有另外的一层，越来越清晰地显现为有孩子之前和有孩子之后。我和孩子相处的生命日常，是我终生最大的财富。我不知道其他的孩子会对自己的生命角色有哪些向往，但我知道我的小孩对自己的生命意义探寻有个非常明确的信念，那就是成为拥有美好生活的人。每当看着牛牛动情地、笑眯眯地描述未来的时刻，我都会跟着怦然心动，在心里开出花来。

陪孩子一起幸福长大的智慧，不是从别人那里找到现成的答案，而是从自己这里找回自己。

22 号是谁？或许正是我们觉察到的那个对情感、关系、生活、学习与工作都有很多困惑，却又保持着本初的状态、觉醒的状态、进化的状态，对未来充满了希望感的小孩，那个不预设的小孩，也包括我们自己。

准备好了吗？去生活。

✦ 认知练习

品味日志

一

准备好与孩子共同成长的状态

「思考」关于"未来的我"

第一步：我想要的状态是……

第二步：我可以做到的是……

第三步：我对此的期待是……

「品味」按以上顺序完成对未来的自己的细致想象，想象得越有画面感、越生动真实，就越容易达成，写出来、画出来都可以。（如果暂时有困难，那就先想象一个"积极的清晨"来替换"未来的我"这个主题，先从具体的小事开始。）

3

练习离开:鼎盛年华的哲学

"你可以借助与你相关的人来衡量自己,那些人也同样会以你为镜来衡量他们自己。"

适度地"展望结局"

◎未知的速度

有人教我们以及我们的孩子,如何提升智力、学习知识、养成习惯、遵守道德与法律,如何练习人情世故、谈情说爱、追求功名与利禄,如何在阳光下享受生活,如何在创伤中恢复元气,如何探索宇宙与科技,如何创新发明与创造;却鲜有人教我们如何面对死亡,如何学会尽力活得完整,如何将死这件事纳入人生的规划,拥抱自己对自己最大的善意。

很多时候,孩子才是我们最好的老师。"练习离开"是每个人的必修课。这是我的儿子牛牛教会我的事。

有一次,牛牛要去洗澡,却突然回过头来抱着我说:"妈妈,我今天看了一篇文章,是丁立梅写的,一位母亲有个愿望是坐飞机,她的儿子说长大了一定要带着妈妈坐飞机。可是儿子长大后在大城市工作打拼,自己常常飞来飞去,却从未带妈妈坐过飞机。有一天,儿子突然想起来自己曾经的承诺,于是跟妈妈约好回家接妈妈坐飞机,没想到路上接到领导电话又返回了工作现场。当晚,妈妈因病住进了重症病房。就这样,儿子错过了带妈妈坐飞机的机会,再也没能实现。"牛牛深情地望着我,一脸严肃地接着说,"我可不想有这样的错过,有这样的遗憾。我有什么想说的就一定要及时跟妈妈说,有什么想要为妈妈做的事就一定要赶快行动实现。我爱你，妈妈！"

"我爱你！"说着，我更加用力地紧紧抱住这个让我心存感恩的小孩。我想，那一刻的我，眼睛一定是红了的。

"你记得我们一起看过的电影《遗愿清单》（The Bucket List）吗？"我问牛牛，"如果那篇文章中所写的儿子能够提前知晓母亲的死亡时间，不知道他会在那之前做些什么；如果那个母亲也能知道自己何时离开，不知道她会在那之前完成什么心愿。儿子，如果有机会提前知道自己离开这个世界的时间，你会选择知道还是不知道呢？"

牛牛告诉我他不想知道，但表示会珍惜每一天，全力以赴地爱身边的人，这样即便第二天就离开也就不那么遗憾。"如果明天你就不在了，今天你会做什么？"我试着追问。

"我要走出去，见我认识的人，和他们告别。"牛牛不假思索地回答。

"你会如何告别？"

"抱抱，微笑，然后离开。最后两个小时我会回家，请你和爸爸抱着我，等待离开。"

你想知道自己确切的死亡时间吗？

面对这个突如其来的问题，你能够瞬间给出答案吗？如果不能，那就给自己些许的时间做如下的思考，问问自己是否想知道，再追问自己为什么"想知道"，或者为什么"不想知道"，或者你无法给出答案，那又是为什么呢？

这个重量级的、直逼真实内心的提问来自电影《遗愿清单》——看到这个问题的时候，我的第一反应是"我不想知道"。但这个答案似乎并不能让我满意，我无法继续往下看，我的思考停不下来，只好将自己的时空连同视频播放器一起按下暂停键，然后反复地问自己：你想知道自己确切的死亡时间吗？遗憾的是，这个电影我看过很多遍，这个问题我也思考过很多次，直到现在，我也不敢说自己已经有了确切的答案。

或许，只有那个确切的时间摆在面前时，我们才能了解自己最真实的想法。

可是此刻的我们该怎么办呢？如果跳出自己来看自己还是做不到，或者还做得不够好，不够坦然，那么就尝试用旁观者的视角进行探索，继续看电影。电影这门可以调动我们所有感官的艺术，不仅会带来震撼人心的别人的故事，还能在恰好的时机启发我们看见更加真实的自己，毕竟直接触碰自己最脆弱的地方会让我们很难受、很痛苦，那么先看看他人挣扎的过程会让我们学会循序渐进地接纳，不由自主地反思，结合实际生活地总结，也就形成了真实的经验，储备成我们在某个需要的时刻可以拿得出来的力量。

所谓思考如何去死，其实就是思考如何活着；所谓思考如何活着，就是思考如何接纳真实的自己。

这是电影《遗愿清单》所讲述的故事，也是主人公卡特·钱伯斯和爱德华·科尔留给我们的思考。

人生理想是成为历史学教授的卡特，在读大学时不得不退出学业，去照顾突然怀孕的妻子来完成对婚姻负责的承诺。他别无选择，因为只有成为汽车修理工才能赚到足够应对生活开销的钱，打零工或兼职都无以为继，养家糊口的重任让卡特在最有梦想的年华选择了最现实的人生。就这样，卡特在汽车修理厂工作了45年，虽然依旧通文博史，但只能把这个特长用在电视节目的答题环节，还有和同事的闲聊时光。

如今，躺在病床上的卡特，再一次迎来了人生的变故。医生向卡特宣布：你还有六个月的时间，运气好的话，还能活一年。

医生的话让卡特想起自己看到过的一个千人调查，问人们是否愿意提前知道自己的死亡日期，其中96%的人说"不愿意"，卡特曾经一直以为自己是个例外，他以为知道自己还有多少日子将会是一种解脱，结果当他真的面对这个日期时却发现事实并非如此。

"我总觉得自己属于另外的4%。但事实让我知道，我不是。"卡特的内心独白，还是淡然的，但并不情愿。有谁会情愿面对死亡呢？但是，不情愿，又能如何？距离死亡还有时间，但不是20年，也不是10年，而是可能的6个月，最多1年，具体是哪一天不知道。这种临近却又未知的速度让卡特感受到极度的不安与彷徨。虽然具体是哪一天已经不那么重要，反正已经迫在眉睫，但是接下来活着的日子该如何面对，又该用怎样的自己来迎接那一天的到来，或者说在那一天到来之前自己还能做些什么，才会感到欣慰，才不会后悔与遗憾？

这是个将生命倒过来看的过程，不再是从生到死的人生，而是变成了以终为始的成长。那么，如何做才能在未知的速度里找到确定的方向呢？

◎困难的哲学

最早探索主观幸福的哲学家亚里士多德，曾为自己的儿子小尼各马可写过一本伦理学著作《尼各马可伦理学》。在谈到幸福这个话题的时候，他引用了希腊哲人梭伦的观点并表示赞同——你或许希望自己能永生不朽，但你不能选择如此，因为这是不可能的；不幸在任何时刻都可能到来，对于一个人来说，唯有在其死后才能评价他的总体幸福。

亚里士多德明确地指出，关注死亡有助于我们拥有更强烈的自由意志与更有方向感的能动性,以及通过正确的生活方式和爱的关系获得巨大幸福的潜能,以最好且令人愉悦的方式生活。

不仅仅是亚里士多德的哲学,还有脑科学与心理学都在向我们揭示,思考死亡,承认我们会死且直面关于死亡的一切会有助于我们获得力量及变得自律,以此来确保目标得以顺利执行与实现,能够指导我们更好地活。"展望结局"在任何时候都对推动我们人生的整体幸福有决定性的意义。

曾有人向我反馈,这理解起来有些困难,我回应说:你不妨把这样的思维逻辑称为"困难的哲学",因为要实现它并不那么容易。

对于处在生命倒计时状态的卡特来说,"展望结局"是自然而然发生的。随着医生的宣告,他就开始思考死亡以及与之相关的一切,他知道自己不想要坐以待毙、苟延残喘、痛哭流涕与唉声叹气的惨淡尾声,却很难了解自己想要的到底是什么。

布朗尼·维尔是一位临终关怀护士,曾经在很多人生命的最后几周里陪伴他们,她在 2012 年出版的著作中讲述了那些将死之人对她表达的最为常见的遗憾。比如有人说"我希望我曾过得更幸福些",也有人说"我希望我曾经把更多的时间花在陪伴我爱的人身上",但最常被提起的遗憾是"我希望我曾经有勇气过一种忠实于我自己,而不是别人希望我过的生活"。

"有勇气过忠实于自己而不是别人希望我过的生活"竟是人们很想做到却又很难做到的头等憾事,难道我们每日的生活都未曾忠于自己吗?

卡特也不例外地心存遗憾,这遗憾里同样带有"勇气""忠实于自己"的关键词。他想起读大学一年级时哲学教授布置过的一项"人生愿景规划"作业,被教授称为"遗愿清单",即将此生想做的事情列成一份清单并在死前完成。你会写下什么?你写下的也就是你的"遗愿清单"了。

那个时候的卡特把这个作业仅仅当作作业而已，而现在则真的成了遗愿。卡特开始郑重地探寻内在的自我，他找出笔和纸，打算重写"遗愿清单"，如果说之前写下的都是年少轻狂的愿望，那么当下卡特想要写下的是自己很想去做却还未能实现的事。似乎想写的有很多，却又一下子写不出来，笔尖落下又抬起，反复思忖间，竟是如此地艰难。

爱德华·科尔，是卡特所住医院的老板，他推行"一个病房两张床，谁也不能搞特殊"的经营理念，导致自己生病后也只好和其他病人同住一个房间。与爱德华同住的人，正是卡特·钱伯斯。

卡特一边艰难地思考着自己的"遗愿清单"，一边浏览着爱德华对待疾病的傲慢、手术后的愤怒、化疗中的痛苦以及被医生宣告距离死亡还有不到一年时间的全过程。忍受自己的痛苦也就罢了，还要眼睁睁看别人一帧不落地重复播放所有流程，卡特从生到死的距离被浓缩为倍受煎熬的漫长。

一个是很想拥有婚姻却离婚四次的富豪爱德华，一个是很想成为历史学教授却在汽车修理厂讨了一辈子生活的技工卡特——从陌生到了解，从戴着面具伪装到敞开心扉畅谈，在生命即将结束的时刻，他们收获着彼此的感同身受与患难与共的真情。

刚刚不是说展望结局有助于获得幸福吗？为什么从他们的表现里看不到丝毫的幸福？

◎挣扎的逻辑

丹·布朗（Dan Brown）在他引导我们探索人类文明的小说

《失落的秘符》（The Lost Symbol）开篇所写下的第一句话是："秘密就是怎样死。"这句话同样给了我无限的震撼，让我第一次从潜意识到有意识地思考生与死的内涵，以致在读完这部小说过后十几年的今天，依旧清晰地记得这行文字在书页上出现的样子。

物理世界中的一切，包括人类，都处在永恒地产生、生长、成长、变化、衰退和终止的过程中。我们也都无一例外地在生命的历程里逐步发展出意识，然后在适合的环境中演化，直至实现自己的全部潜能，而后在某个高点逐渐衰落，最后死去。似乎这样才合情合理。如今要倒过来思考、倒过来活，这个向死而生的过程必定充满了不适与挣扎。

摆在卡特和爱德华面前的死亡已经不是秘密，但从知道的这一刻开始到死亡的这段时间里能做些什么，成了他们的"秘密"，想要拨开迷雾，需要忠实于自己的勇气，向死而生。

爱德华和卡特推着输液支架在医院的走廊里散步，探讨即将到来的死亡以及相关的领悟，尝试着在不确定中找到些明确的东西，哪怕只是一个逻辑，他们的总结是：从知道自己的死亡临近到死亡可以分为五个阶段，即拒绝、愤怒、妥协、沮丧与接受。

"拒绝"，来源于感受突破的不适应。因为那是我们不知道的世界，缺少安全感，突破舒适圈从来就没有那么容易。就像自律神经系统控制着我们的"应激"和"应急"反应一样，"拒绝"是一种无意识的自动程序，是不经过大脑思考的一种执行。

"愤怒"，是对不安全感进行的防御。那是害怕、恐惧所带来的第二情绪，是预判与假想的危机演练，虽然这并不等于事实。人的原始本我往往在害怕的时候选择先发制人地防守，愤怒就是其中的常用手段，先吓吓你再说，即便没有任何胜算。

"妥协"，每个决定都需要一个来自他人的理由，甚至可以说我们都需要一个合情合理的外力借口。"因为我觉得你说的有道理，所以就相信你一回，这个决定可不是我做的，都是源于对你的信任。"潜台词是：你可不要让我失望，否则这都是你的责任。就像起初就明明知道却根本不愿意承认自己生病的爱德华，非要医生和助理推着才能上手术台一样，因为如果结果不好那也不是我承认得来的，而是你们非让我尝试不可。

"沮丧"，每个人的生命都离不开支持系统的存在，但又往往是一种普遍的缺失，怎能不让人沮丧，就连自己最爱的人竟然也不理解自己内心的渴望。就像卡特，虽然不是爱德华那样的孤家寡人生病了无人探望，但妻子来了也只是在聊孩子们的近况，而不是他想要的临终关怀。妻子以为自己正在陪伴，卡特觉得自己孤苦伶仃。

"接受"，是一种证明自己独立的内在动机，在推动我们的行为。如果说处于"沮丧"阶段的人们还在寻求外力，那么进入"接受"阶段的人们已经宣告了自我的完善。更何况，再不做主就只剩下死亡这一个答案，该有多么的遗憾。

心理学家们相信，对终结的欲求是根植在人类大脑中的稳定机制，具有一定的生物基础，随着我们年龄的增长，这种设定会帮助我们面对衰老和即将到来的死亡。卡特和爱德华确实如此，虽有挣扎，却很快完成了五个阶段的发展逻辑，走到了接受现实的最后阶段。

爱德华想起了美国著名小说家、剧作家威廉·萨洛扬（William Saroyan）的戏剧《鼎盛年华》，他想对卡特说些什么，却又若有所思地收了回去。那一刻，我从爱德华复杂的表情里想到了威廉·萨洛扬留给我们的另外一些文字："尽全力活得完整。当你笑的时候，就拼命地笑；当你生气的时候，就认真地生气。试着好好活着，因为你很快就会死了。"

我们既不能因为正活着就把一切美好看作理所当然，我们也不能因为死期将近就对还有的时光不以为意。

曾有学者认为"我们总是受困于一种永恒的、无法解决的悲剧冲突。冲突的一方是感性的自我，渴望着永恒的存在；另一方是理性的自我，知晓着生命有机体必定会终结。"我们需要的不是生死相抗，而是找到方向与方法，做出正确的选择。在无法欣然接受的时刻选择适度地展望，虽然对我们每个人来说都是一种困难的哲学与挣扎的逻辑，并不那么容易实现，但我们依旧可以有准备地练习并掌握这样的技能，突破"终结"的边界，变化为生命的"超越"。

• 理智地"向死而生"

◎看清自己的意图

"不要只顾着梯子,要记得你要爬向哪里。"这是马修·里查德(Matthieu Ricard,僧侣)在《僧侣与哲学家》这本书中和父亲让-弗朗索瓦·何维勒(Jean-Francois Revel,哲学家)对话时所引用的西藏谚语。"幸福"就是那个方向,马修说:"获得任何一项正式的技能(比如拉小提琴)都需要花几千个小时练习,为什么我们不花同样的时间来学习生活中最重要的技能——幸福的技能呢?"

要是能如马修所说,看清自己的意图,那么,我们的生活就不再是眼前利益之梯上的每一步苟且,而是值得我们投入整个人生的虽远必达的每一寸幸福。意图不是别的,是你希望实现幸福的打算。马修的打算是投入时间和精力来练习,亚里士多德的打算是展望结局向死而生。这两点智慧,我们都需要。

卡特对"遗愿清单"的想象与热情,在病痛与死亡的提醒中渐渐消散,他实在写不出自己在死前还能完成什么"人生愿景",就更别提"规划"与"实现"了。等待死亡来临的五个阶段似乎并不是单行线,而是某种周而复始的循环,在卡特身体最虚弱与意志最薄弱的时刻聚合为无限的绝望。卡特在妻子面前倔强地说"我很好",在收到孙子的礼物和问候信时"开心"地笑,在家人离开后独自地悲伤,克制地挣扎,徒劳地沮丧。卡特将那些早已生疏的愿望揉成了一团,然后佯装不在意地丢掉,这是真正的"接受"吗?卡特陷入的不是死亡的彼岸,而是这一生的迷茫。

爱德华不经意间捡到了被卡特丢弃的"遗愿清单",如获至宝,他开始鼓励卡特去实现清单上的项目:"医生告诉我们,我们只有几个月了。可我们能完成这些事,也应该去完成。"

对于卡特来说,那些被自己愤而弃之的遗憾,如同前尘往事般,既不清晰也不真实,不想再提。卡特和我们生活里遇见的大多数人一样,始终认为梦想和现实是有差距的,否则当初他也不会放弃学业而甘愿做一名汽车修理工。卡特认为清单上列出来的都是些象征性的事情,只是用来想想,与自己道别而已。

爱德华却完全相反地认为生机就在眼前,他意图实现遗愿清单上的愿望来展现生命最后旅程的辉煌,并愿意承担所有的费用,用他的话说:"我就只剩下钱了。""即便是犯傻的机会,也总比没有机会犯傻的好。""在同情和悲痛的气氛中慢慢窒息吗?我不愿意。在你的内心深处,相信你也不愿意。我们俩现在是一条绳上的蚂蚱,这句话的象征性不错吧?我们现在有个难得的机遇。要么我们躺在这里静静地祈祷奇迹出现,要么我们采取一些行动。"

事实上,死亡本来就不是一个结局,而是生命的总结与高潮,用以彰显生命复杂的自我超越,实现精神上的觉醒与成长,成为代代相传的礼物与力量。

我们到底可以留下些什么给我们的孩子以及孩子的孩子?死亡终究是不可避免的,有关死亡的话题却在我们的家庭养育与学校教育中显著地缺失。当我们谈论如何做父母,如何做幸福的父母,如何陪孩子一起幸福成长,让孩子因我们而习得幸福的能力的时候,怎么能将这样的缺失视而不见,或者堂而皇之地避而不谈?我做不到。我猜,你也定会心有所想。

生命教育，"生"不是第一课，而从来都应该是关于"死"。

在我的儿子上幼儿园之前，我就为他准备了生命教育课程，多是借助绘本来完成的。我要感谢那些美好的作者为我提供了宝贵的教材，比如：《汤姆的外公去世了》《爷爷的天堂笔记本》《最后一片叶子》《爷爷变成了幽灵》《不要哭得太伤心》《也许死亡就像毛毛虫变成蝴蝶》……关于活着，死亡才是最好的老师。

牛牛曾问过我："人死后到底去了哪里？有研究说人死的那一刻身体会突然变轻，是不是有什么东西离开了身体，比如我们说的灵魂。妈妈，如果你死了，你会回来看我吗？如果有天堂那样的地方，我希望你能在天堂的门口等我，这样我去的时候可以第一时间找到你，还能和你在一起。你会在天堂的门口等我吗？"

"如果我死了，我一定会回来看你，无论千难万险，我都会回来，或许是在一束灯光里，或许是在你翻开的一页书里，或许是在你暖暖的被窝里，总之我会回来，就算不得不离开，也是依依不舍地离开；然后，我会在天堂的门口等着，不管怎样，都会等你来和我相聚。就像电影《CoCo》里面的场景，只要你记得我，我就在，或许时空不同，但从来都没有离开。"

牛牛望着我的脸，听我带着承诺的回应，然后轻轻地对我说："我记得《CoCo》里面描述的天堂，有的人很温暖，有的人很孤单。我会每天想你的，那样你就不会孤单了，会很温暖。"

这样的讨论是充满意义的，让孩子收获了一辈子都安心的底气。我们的意图不是死，而是生且生得美好。我也常常问自己：如果明天我不在了，今天我会做些什么，为自己，为我的孩子，为我的家人，为那些给予我爱和帮助的人，还有不期而遇的陌生人？我的小孩常常会给到我恰好的动力，指引我要好好地活着。

"妈妈，你想当奶奶吗？"有一回，牛牛正喝着百香果味的酸奶，却漫不经心地抬起头问了我这样的问题。我不假思索地回应："当然。我特别想当奶奶，听着就兴奋。"

思考，从来都不会因为提了一个问题后戛然而止，而是会引发更多的思考，继而会提出更多的问题。牛牛继续问我："妈妈，那你想当曾奶奶吗？"如果说刚刚我在回复是否想当奶奶的问题时可以立即回复是因为我可以预见那样的未来，觉得并不遥远，那么第二个问题似乎是遥远的，遥远到我连想都没想过，不曾想象，也就无从选择。

我卡顿了半秒钟的样子，说："嗯，想。那你得早点生孩子，然后你的孩子再早点生孩子，或许我能赶上和他们见面。"牛牛并没有直接回应我的担心，而是给了我另一个层面的回复："妈妈，你要活得很久很久，好不好？"当我们关心孩子可以做什么的时候，孩子也同样在期待着我们做些什么。

行动，永远都不会晚。不管我们身处怎样的环境，我们的生命还剩几天，选择变得更加幸福都是我们力所能及的重大责任。

◎幸福的自足体系

卡特说他很想回到从前，特别是在连家中最小的孩子都离开家去上大学之后，生活空出了许多时间和空间，再也没有作业，没有文艺演出，没有学校活动，没有哭闹与吵架，没有嬉戏时碰擦的伤口所带来的担心、烦躁与沮丧……自己才第一次有时间与妻子维吉尼亚静静相对，以为二人世界的美好终于毫无障碍了，却发现彼此都再也找不回当初的那份感觉，卡特说："同路走了那么久，有些东西却一去不复返了。"虽然没有抱怨，却有着深深的遗憾。

爱德华的人生虽不像卡特那般隐忍，却也隐藏着没有家人陪伴的孤单,他很想在生命的最后阶段找到些什么,"遗愿清单"恰好给出了再明确不过的方向、意图与答案,他终于可以主动地、积极地、兴趣盎然地活,即便对面就是死亡也没有那么悲伤与畏惧了。

爱德华用力展平那张被卡特揉搓得皱巴巴的纸,郑重地写下自己想要做的事,让原本只是用来想想的梦想变成了即刻可以执行的规划,成为他们共同的"秘密"——出于善意,帮助陌生人;笑到流眼泪;亲眼看见宏伟的神迹;开一次野马跑车;在非洲大草原狩猎;去跳伞;亲吻世界上最美丽的女孩;刺一个文身,不为什么,只为我还能对我的身体说了算;开一次专业赛车;飞过极地的上空……

爱德华很像一位人生导师。当卡特说自己不想去实现犯傻的梦想时,爱德华却帮助卡特看见了自己内心的需求与困惑。曾经的卡特想要实现梦想,却找不到实现的路径;后来的卡特想要找回爱情,却找不回当初的感觉;现在的卡特想要看清自己,正好遇见了爱德华,虽然开始很抗拒,甚至愤怒,慢慢地变得妥协与接纳,也有得不到妻子支持的小小沮丧,到后来在他们共同的"遗愿清单"的实现过程中可以全然地接受与投入。

你发现了吗?曾经被爱德华总结出的"从得知死亡临近到死亡"的过程,原来对于"想要实现梦想到梦想实现"也同样的适用,仍然是这"五个阶段":拒绝—愤怒—妥协—沮丧—接受。"死"与"生"都同样充满了挣扎。

积极心理学将"超越自我"列入美德的范畴作为伦理,在此基础之上则是人们实现持续幸福状态的五大支柱:积极美好的情绪、与他人合作共生的关系、生命意义的价值与探索、成就事件或成就人生的实现、物我两忘地全情投入与品味。从这个角度讲,"遗愿清单"似乎承载了以上所有的要素,是个不错的练习工具。

幸福，是一种持续的状态，是一种动态的自足体系，意味着你选择了你想做的事及选择如此做的理由，并且发掘自己的潜能按照规划去实现它们，包括每一个选择、每一件小事，养成持续在生命里不断发展与完善的主观状态，造就发自内心的满足，这种满足会因为拥有同路的朋友而得到相应的提升。

卡特就像是又回到了曾经年少与充满激情的自己；爱德华如同拥有了可以信赖与依恋的亲情。生命的最后，他们决定选择变得更加幸福，活成自己想要的样子。

◎去做正确的事情

《富爸爸穷爸爸》的作者罗伯特·清崎（Robert Toru Kiyosaki）曾写道："穷人"总是说"我买不起"，"富人"则会说"我需要做些什么"。从这个逻辑来讲，爱德华是"富人"，不仅仅因为有钱，更因为他愿意"做些什么"；卡特是"穷人"，不仅仅因为没钱，更因为他认为梦想只是梦想而已，只能写出来看看却无法实现。两者的核心信念不同，导致了思维逻辑的不同，进而导致了行为模式的不同，最终导致了生活状态的不同，自然也影响着他们关于幸福的实现。

你呢，你是什么样的人，是罗伯特所说的"富人"还是"穷人"？你的孩子呢，是否和你一样？如果是你，你会在自己的"遗愿清单"上写下什么？如果你写下了一些什么，你会如卡特一样认为只是"象征性的事情"，还是会如爱德华一样"采取一些行动"？你又会以怎样的方式给自己的孩子做生命的引导，或怎样用自己的某些行为去影响身边的家人、朋友、工作中的伙伴，甚至整个世界？

这一连串的提问，不仅仅是在问你，我也在问我自己——提出问题的瞬间，我想起了诗人汪国真曾在《海边的遐想》中写有这样的文字："看海和出海是两种不同的人生境界，一种是把眼睛给了海，一种是把生命给了海。"我想，我们大抵都会是那个愿意将生命交给大海的人，愿意乘风破浪付出行动，以赢得生命的样子与内心的富足。

1974 年，在美国纽约世贸大楼双子塔之间走钢索的人——菲利普·帕特（Philippe Petit），因为没有安全措施下的成功穿越而成为传奇，前无古人亦后无来者——双子大厦因为意外轰然坍塌，而菲利普的传奇却至今屹立岿然。在菲利普·帕特的自传电影《云中行走》（The Walk）里，我们可以听见大师对艺术的解读，绝不是来自 412 米高空绳索上的平衡技巧，而是他对于"为什么要冒着死亡的危险去挑战命运"的回答，他说："我从来不说'死亡'这个词，我会说相反的词'生命'。我无法用语言表达自己为什么要追随梦想，但我可以向你展示它是怎么发生的。对我而言，在钢索上行走就是生命。"

你呢，对你而言，做些什么，就是你的生命？

爱德华和卡特已然很明确，去实现"遗愿清单"上的愿望就是生命，他们选择了这最后的一线生机，展示自己最真实的样子。

"你不是害怕跳伞，而是害怕跳的时候伞打不开。"爱德华一路扮演着精神导师的角色，适时地解除着卡特的心理武装，让卡特慢慢柔软下来，放松下来，他很有成就感。卡特也像开了窍的孩子，不再处处担心，而是学会了全情投入地享受行动所带来的真实体验。虽然没有出海的澎湃以及云中行走的极限，却也如愿地飞过极地的上空，驶过长城的蜿蜒古道，从万米高空纵身跳下，开着吉普车狩猎于非洲大草原……他们还想登上喜马拉雅山亲眼看见神迹，在宇宙的寂静中听见山的声音，可向导说"想要登顶需要等到明年的春天"。

生命不是随时都有下一个春天。

• 主动地"筹划回忆"

◎诚实面对自己

"遗愿清单"的故事在埃及出现了深邃与平静的高光时刻。

面对古老的金字塔,在夕阳西下的余晖里,卡特给爱德华讲述了古埃及人对死亡的美好信念——他们相信人死后灵魂到达天堂门口时,神会问他们两个问题。第一个问题是:"在你的生命中,你是否过得快乐?"如果你的答案是肯定的,那么神会继续问你第二个问题:"在你的生命中,你有没有给他人带去快乐?"如果你的答案依旧是肯定的,那么代表你不仅自己获得了生命的快乐,同时也将生命的快乐传递给了他人,神会说"请进入天堂"。

卡特问爱德华会如何回答,爱德华却顾左右而言他。关于自己的快乐和给予他人的快乐,爱德华迟疑了,他好像既不能确定自己是否快乐,也不能判断自己是否将快乐给予了他人。

卡特也同样地不能坦然回应,自己确实走出了从未走出的家,看见了想要看见的世界,体验了想要体验的生活,但这些除了给自己带来逃离责任的如释重负,自己真的收获了快乐吗,也给他人带去快乐了吗?

终于,卡特提出了回家,他还要给那些爱他的人带去快乐,即便是在生命的最后时刻。当妻子打开门,嘴角上扬、眼含热泪地与之相对的那一刻,当孩子们团团围着长桌坐在一起共享晚餐的那一刻,卡特的脸上洋溢着喜悦,温和而坦然。当快乐是可以给予他人的,生命才有了意义,卡特做到了。

爱德华也回到了原有的生活,在工作会议上,他突然对同事们发问,问有谁读过《神曲》,结果没有人能够回应。然后,他结束了会议,奔到了久未联络的女儿的住处——原来,曾经的立场,曾经的争吵,曾经的不解,曾经的疏离……都已经烟消云散,不是因为时间是一味良药,而是因为父女之间的爱从未减损,只是看谁能更勇敢地率先表达。爱德华做到了。

◎使用理性智慧

曾经的爱德华把自己当作是一个父亲,而此刻,爱德华真正地赢得了父亲的殊荣——他实现了"亲吻世界上最美丽的女孩"的愿望,而且是超额完成,因为他不仅亲吻了自己的女儿,还亲吻了女儿的女儿。此等美妙的时光,在这之前他竟全然不知可以快乐地拥有。

曾经的卡特把自己陪伴妻子、孩子的选择当作是放弃了自己幸福的牺牲与奉献,他一直念念不忘自己割舍人生理想的疼痛,却不知自己选择的是另一种幸福的光阴,有孩子们围绕在身旁,有妻子每日默默地守候,有责任感与使命感无限被满足,原来他们彼此需要的关系本就是自己想要的理想。

"生命的展示",不管你在已有的回忆中能够唤醒多少过往,不管你在当下的历程里正执行多少规划,都需要我们不断地增强有意识的筹谋与记忆的思维回路,以点亮更多自己没有意识到的概念、那些已经自动化执行与完成的意义,以及我们因为亲自体验而获得的快乐,并且分享与馈赠给重要他人的成就。

爱德华先前在医院的走廊里想到的是萨洛扬的《鼎盛年华》，他深深地感受到生命的萎靡与自信的陨落，恰似自己的悲剧正冉冉启幕。旅程归来的他所想到的不再是自己快要死了要放肆地活，而是切换到了下一幕——《神曲》。只要我们用心，不难看出其中的转折与隐喻，但丁·阿利吉耶里（Dante Alighieri）写的本就是《喜剧》，诗歌分为三个部分：《地狱》《炼狱》《天堂》。从痛苦的地狱开始，经历炼狱里的修行，到光明的天堂结束，正如但丁的生命，他在放逐的乞讨中走遍了意大利的每一寸土地，收获了广阔的视野与丰盈的灵魂，才创作出了《喜剧》，被后人奉为《神曲》。爱德华同样在疯狂的游走中领悟到了力量，生命从来都可以反转，哪管是地狱与天堂。

曾经以为的悲剧与冲突、生命与死亡，在出走的灵魂漫步中渐渐获得了幸福的自足体系。

保罗·柯艾略（Paulo Coelho）在《牧羊少年奇幻之旅》（The Alchemist）中讲述的少年曾经以为牧羊耽误了自己想要的财富，四处游荡后才发现自己永远不会忘记自己的羊群，就像撒冷王传授给他的"幸福的秘密"——"既要看到世上的奇珍异宝，又要永远不忘记勺里的两滴油。""当你想要某种东西时，整个宇宙都会合力助你实现愿望。"

卡特和爱德华都希望完成自己的"遗愿清单"，上面的每一项都如同他们想要得到的奇珍异宝，同时他们也没有忘记回家，给自己的重要他人带去珍贵的快乐、美好的关系、生命的意义。

"快乐只是一瞬间的，可是幸福不同。"牛牛曾和我探讨过快乐与幸福的不同。牛牛说，幸福是不一样的，与快乐相比，因为快乐是一瞬间，那个瞬间结束了，快乐就停止了，但是幸福不一样，幸福是一种常态，是可以一直存在的感受、感觉跟收获；快乐是属于幸福的，但它只是一种情绪，那一瞬间结束了就结束了，没有办法帮助我们维持持续的、更长久的感受，但是幸福是在一个周期里面的，甚至是可以去品味的有意义的历程。对，牛牛说到了"历程"这个词语，我好像没有特意给牛牛讲过幸福的含义，但是牛牛能想到历程，让我很惊讶，也很欣慰。

幸福确实是一种需要历程才能够收获的真谛，因为其中包含着你去经历、去行动、去体验、去感知、去反思的有价值、有意义的所有。我想，这就是卡特和爱德华选择回家的理由吧，即便是生命的最后也不能只有及时行乐的肤浅，而是要留下永远不会消失的幸福。

◎留存闭合记忆

卡特离开前给爱德华写了一封信，感谢爱德华为自己的愿望实现所做的一切；爱德华在卡特的葬礼上表达自己的哀思，感谢卡特为自己找回亲情所做出的努力。他们都认为在生命的最后时刻能够认识彼此是值得骄傲的事，他们都确信自己为对方的人生带去了快乐。

最后，他们的骨灰被装进咖啡罐中，先后由爱德华的助理埋在了可以目睹宏伟景象的雪山。生命的故事并没有就此落幕，呼应着电影开头那段意味深长的引言：人生的意义是什么。答案众说纷纭：有人说要看他留下了什么，有人相信可以通过信仰来平衡，有人认为要用爱来评判，也有人说人生本来就毫无意义。而我相信，你可以借与你相关的人来衡量自己，那些人也同样会以你为镜来衡量他们自己。

逝去的不是终结，而是超越。死亡是一种思考的底线，让生命中最重要的事情变得更加清晰。

当你有了明确的方向，并有意识选择相关的活动且持续地投入努力，那么你的幸福感便会提升 40%。这个数据来自心理学家索尼娅·柳博米尔斯基（Sonja Lyubomirsky）和她的同事们，根据他们的研究，我们每个人的幸福感基准水平——50% 由遗传因素决定，10% 由生活条件决定，还有 40% 由意向活动决定。而"幸福的秘密"，则来自这重要的 40%。

你的意愿已经决定了你的幸福。看到这里，我们都跟随电影里的故事完成了概念性的离开练习，虽然你只是阅读，但依然形成了真实的经验，留存在大脑之中，形成了对于死亡所带来的积极层面的思考与记忆。

国际积极心理学协会临床部的创始主席、临床心理学家塔亚布·拉希德（Tayyab Rashid）曾提出通过积极评价的练习来处理"开放记忆"（即尚未完全理解的记忆和引发负面情绪反应的记忆），关键的技巧就是帮助人们实现"闭合记忆"（即让那些即使曾经有挑战或困难的事情，在某种程度上以积极的结果结束的记忆）。

"闭合记忆"是我们每个人都需要且都能学得会的幸福技能。举例来说：夫妻吵架是开放记忆，如果能因为吵架增进彼此的理解，推动双方的反思，能够以和好或谅解为结束，那就拥有了闭合记忆，就像卡特和他的妻子；父女断绝关系，你不理我，我不理你，十几年过去，一直处于开放记忆状态，最后父亲登门，认真地表达歉意和爱，女儿也给予了接受的回应，这件事才完成了记忆的闭合，就像爱德华和他的女儿；人生理想思考了很多，但都没去实现，于是成了开放记忆，口子已经开了，念头已经有了，却迟迟不付出行动，那么就会耿耿于怀最终成为遗憾，可要是勇敢地去做了，即便过程很艰辛，你也会觉得不枉此生，这样就有了对人生的总结，有了闭合记忆，就像卡特和爱德华去实现遗愿清单的旅程。

我们需要有起念与开始的能力，同样需要有反思与总结的智慧。反思即智慧，当你试图去总结发生了什么，为什么会发生，从中你受益的部分是什么，积极方面还有哪些时，你就拥有了这个能力。

每个开放记忆都像一个钩子，没能给予合理解释的事件越多，你内心的钩子越多，积累到一定程度就会变成一团怎么都理不开的"钩钩相钩"的疼痛、不幸与悲惨人生。

每个闭合记忆都像是一个能量球，即便经历的事件再悲惨，再不幸，再疼痛，都会因为我们从中总结出意义和价值而成为我们人生能量的储备，闭合记忆越多，我们内在流淌的能量球就越丰盈、越蓬勃，我们的人生也就越幸福与美满。

当我们可以如是地活，我们的孩子、家人以及周围的人和事都会因我们主动筹划回忆的力量而被深深影响。"你可以借与你相关的人来衡量自己，那些人也同样会以你为镜来衡量他们自己。"我们需要带着更多的闭合记忆去生活，并将这样的生命展示给我们的孩子，成为可以代代相传的能力，这才是真正的幸福的延续。

今天的生命，则是明天的回忆。你准备好筹划这样的回忆了吗？

+ 认知练习 +

闭合记忆

—

请完成你和孩子的关系事件的闭合记忆

「思考」思考一件你和孩子之间的"开放记忆"，它可能让你们失望、痛苦、焦虑或愤怒。

「行动」1.思考这件事整个过程里的积极方面,给你带来哪些反省,带来了哪些对以后生活的正面影响?

2.思考目前还可以做些什么,让这件事成为你们之间具有积极结果的"闭合记忆"?

死都不怕,
你还怕改变自己吗?

〈精确的探寻·动机〉
重写故事:自我肯定的3步力量

4 角色
我也是一个孩子

探寻

5 历险
我愿与你一起成长

6 故事
进化生命的能力

4

关怀自己:拟一个内在成长的角色

"真正的人生,不是你继承的那部分,而是你创造的那部分。"

• 打理一座花园，拥有"家"

◎什么是"家"

我的儿子牛牛曾问过我一个问题，那时候他还小，八岁的年纪，正在完成"365天写生365幅画"的成长项目，刚开始了一个星期，他就对"家的味道"这个主题充满了困惑——他认为自己已经把能画的好吃的都画过了，好像再找不出要画什么了。他思考后，问我："妈妈，什么是家？"这个问题也是让我暗暗敬佩，竟然不是问"还有什么味道"，而是问"什么是家"，带着哲学家的气质。

我很高兴地跟儿子开启了一段不长不短的对话，这个关于"家"的概念，我们进行了很多维度的探讨，内容大致可以总结为："家"可以很大，凡你的身体和灵魂停留过的地方都是家；"家"可以很小，只有你的身体和灵魂得以全然打开的地方才是家。

关于那个可以很大很大的家，我们无时无刻不在成长的历程里探索与拥有，那是你超越自己的故事；关于那个很小很小的家，我们时时刻刻在生命的积淀里守护与剥离，那是你接纳自己的殿堂。

家，不管是很大很大，还是很小很小，不管是一种故事，还是一座殿堂，对于我们来说，都有着同样的重点，关键都在于——不是发生了什么，而是体验了什么。关于"发生了什么"，有些你可以被他人告知；关于"体验了什么"，才是你生命里独一无二的世界，或者说你的感受决定了你心中关于"家"的概念，也影响着你用行动去创造出的"家"的样子。

"家"，就像一所学校，教会我们学习有效地调节情感；就像一个港湾，教会我们体验毫无戒备的安心与坦然；就像一座灯塔，教会我们遇到再大的困难都可以找到归属感与积极的方向——是我们每个人都需要的最强大的心理能量加油站，是我们每个人都正在拥有、也都正在创造的——既具体又抽象的存在。

拥有这样的"家"的人，也就是拥有了安全依恋关系。依恋，说是能力，也可以说是需求，是一种人类进化的需求——即通过接近更强壮而（或）智慧的他人来寻求安全感——和进食、繁殖一样，都是被生物学上的生存所驱使而必须做的事情。寻求安全感这件事，不仅存在于我们的婴儿期、童年期、青春期，且会贯穿我们的一生，塑造着我们的行为——包括思维、情感、举止、言谈等。这就是约翰·鲍比（John Bowlby）创始的与家庭系统相关的心理学理论——"依恋"。

拥有这样的"家"的人，往往可以让自主探索更加成为可能，更能离得开父母，离得开家，走得更远，更加能够得到精神的富足；往往拥有更多爱与被爱的能力，拥有更多的生命意义感以及未来归属感的明确取向；往往会更加具有卓越人生与成就人生的价值表现；往往呈现更加积极、乐观与幸福样子的持续蓬勃，能够更加有毅力、有韧性地向着更好的方向发展与取得收获。

可是，在这个世界上不是每个人都获得了这种安全型的依恋满足，学会了拥有"家"和创造"家"，有一些人在向更强大的亲人寻求安全感的路上遭受挫折，甚至将一生深陷其中，无法自拔——"无家可归"。

◎每个成人都可能是"无家可归"的孩子

写到这里,我想到了一个人,弗兰兹·卡夫卡(Franz Kafka),一个终生渴望却到死也没找到"家"的人。

2019年1月27日,布拉格的大雪刚刚停,我带着儿子牛牛在两次探寻未果的各种辗转后,终于找到了"新犹太人墓地",拜谒卡夫卡,这是我们布拉格之行的重要心愿——只因卡夫卡终生都未寄出的写给父亲的信,足足100页渴望亲情与理解的倾诉,百年后还在布拉格的上空飘荡,我想他的灵魂一定在这漫长的岁月之后依旧需要理解与温暖,于是我们去了。

你或许知道他那些短篇小说如《判决》《变形记》等的深刻,你或许了解他作为西方现代主义文学先驱的伟大,可他内心的渴望,不知道你是否也一样能看见——在卡夫卡的心里,作为犹太商人的父亲,并不是什么商业奇才抑或行业巨擘,但却是他崇拜的强壮而充满智慧的人,是他终生都想要靠近的依恋对象,虽从未有过丁点儿的实现。这不仅影响着他的父子关系,也制约着他的婚姻幸福、生命意义,三次订婚、三次取消婚约,究其原因,就是他既想要"学校""港湾""灯塔"等等这样的依恋关系,却又觉得自己不值得拥有。他的矛盾来自他从来没有得到过安全依恋关系,恐惧这种"得不到的伤害"会继续在婚姻中上演,所以干脆不给自己这样的机会,可每次做出决定后又后悔,于是反反复复地与自我博弈,是多么地"彷徨"。

如果,有人说卡夫卡因为钟情于写作才容不下世俗的情感与关系,他喜悦于孤独地将自己隔绝于布拉格黄金巷22号,以献身伟大的事业——真的是一种谬论——那这个人一定不曾了解100页

《写给父亲的信》里到底写了多少渴望与失落、期待与彷徨、自卑与创伤。

卡夫卡的父亲用冷漠的语言、轻蔑的态度和强势的决定，早早地将卡夫卡关于爱的需求清得远远的，甚至干干净净。就连在卡夫卡生命的最后时刻，他告诉父亲有姑娘爱上他了，却还遭到父亲的奚落，父亲说那只是一种勾引，并不相信他拥有被爱的资格与能力。那之后的第二年初夏，卡夫卡告别人世，带着他深深的遗憾，还有 100 页未能寄给父亲的信，连同他想爱却不敢爱的世界，包括自己，一并埋葬。

卡夫卡曾多次写下遗书，请求自己的好友马克斯·布罗德（Max Brod）一定要在自己死后将一切遗物，包括他的日记、手稿、信件、素描等彻底且未经阅读地焚毁，要是已经投稿寄出的，同样需要立即追回。"我从未想过通过写作来击退什么，尽管那有一定的力量。"卡夫卡的灵魂里到底如何纠结，没人能够帮他描述得清。但此刻的我们，要感谢马克斯并没有遵照其遗嘱焚毁一切，而是留下了一个真实存在过的卡夫卡，该是多么荣幸。

布拉格，是卡夫卡的出生地，也是卡夫卡的死亡地。对于我们来说，他永远活着；可对于卡夫卡来说，他真正地活过吗？

这个世界，他真的来过吗？他真的拥有过吗？他到底是带着怎样的矛盾与挣扎离开，无人可以深刻了解，包括他自己，就像他笔下那只"甲虫"格里高尔·萨姆沙（《变形记》主人公），在孤独、痛苦、饥饿、无助中死去；就像他在处女作《一场战斗纪实》里悄无声息地谦卑与跋涉，伏尔塔瓦河的风凛冽刺骨，劳伦茨山的路如履薄冰，关于走向"家"的路是一场多么危险的练习。

站在卡夫卡的墓前，我哭了，悲伤于这个在"家"的维度里从未得到温暖与成长的孩子的一生。

牛牛在为卡夫卡献上小雏菊的时候，对我说："妈妈，卡夫卡很伟大，但也好可怜。"

从墓园出来的地铁站内有一家披萨店，牛牛捧着热乎乎的披萨说："刚刚在外面，我的冷像卡夫卡一样冷，现在我有妈妈陪我一起吃牛肉披萨，暖暖的，我好幸福。不知道我们去看过他后，他会不会不那么冷了？"

看着牛牛吃披萨的满足感，我眼中涌着热泪地笑了，哽咽着为儿子又紧了紧衣领，说："感谢卡夫卡留给我们的财富，留给我们的领悟，有很多人爱着他，看看他墓碑前的鲜花就知道，不只是我们来过。可不得不承认，他等的不是我们，而是他的父亲。有些人就是会这样，在离开的时候带着遗憾。希望我们之间，在活着的时光里，留下的都是爱、信任、赞赏、理解、支持，还有家的味道。"

牛牛一边咬着披萨，一边"含情脉脉"地看着我，说："妈妈，我好爱你呀！"

我们每个人都会有或多或少的"无家可归"的体验，首先我们需要坚定一种信念，那就是这种体验感是可以凭借我们的创造来改变的，"如何改变"则是我们接下来要学会，并能够分享给孩子的一种关于创造"家"的智慧。

◎每个孩子都需要会"打理花园"的父母

养育孩子，如同"打理花园"——即便你只养一朵花，也要有打理一整座花园的格局与意识，每一朵花都不是孤立存在的，包括我们自己，都需要环境系统的支持与帮衬，都需要主理人宏观的运营与守护。

我们首先要为自己造一座花园，然后让我们的孩子安然地在我们的花园里绽放，再然后教会我们的孩子如何打理花园，最后我们陪伴孩子创造属于他们自己的花园，开出新的花朵，一代一代地向上与繁荣。

不管我们的父母给我们以怎样的花园，我们都有创造出崭新花园的潜能；不管我们的父母给我们以怎样的依恋，我们都有创造出安全依恋的可能。每一代人的努力都是对下一代成长系统的加持，好上加好，向好而生。

无疑，我们每个人都有花园，但"有意识"打理与"无意识"打理是存在巨大差别的。有意识打理的人更会看全局，并主动拓宽视野、接纳不曾了解的新事物；无意识打理的人更会看局部，在乎按部就班地产出了多少熟悉的早就计划好的旧东西。

很多人以为改变是从下一代开始的，只要你想让这朵花几时开就几时开，想让这朵花开出什么姿态就开出什么姿态，就像卡夫卡的父亲，一旦卡夫卡这朵花开得不如他的意，他就开始数落、抱怨、嫌弃，于是卡夫卡不但认为自己没有花园，甚至觉得自己连朵花都不算，更不曾知道自己也有创造花园的能力。于是，"无家可归"成了一种必然。

与其说，我在布拉格告别了卡夫卡这个孩子，还不如说我告别了卡夫卡的父亲以及他的懒惰、胆小、懦弱与悲哀。一个人，连养一朵"绽放的自己"的决心与勇气都没有，又何谈养一朵"可以绽放的孩子"？要想养一朵自信美好的"孩子"，不倾尽全力打理自己的花园成为榜样，又何谈让孩子学会创造与打理他们的花园？

养育的格局，不是盯着一朵花期待其按照你内心预设的样子绽放，而是要关怀自己的样子，打理出一座足以养育出美好花朵的花园，成为下一代成长的环境与系统。用打理一座花园的格局，养一朵花——这朵花，首先是我们自己，其次才是我们养育的孩子。

养自己是件不容易的事，有两个概念，可以帮助我们理解：一个是"元认知"，即我们对自己想法的思考能力，对自己认知行为的认知；一个是"心智化"，即根据潜在心理状态解释人类行为的能力，能够从自己的外部看自己，能够从他人的内部看他人。

当我们在"只能这样"的二维平面空间里待久了，就会像埃德温·A·艾伯特（Edwin A. Abbott）在《平面国》中创作的形象一样，完全不知晓原来这个世界还有其他维度的存在。我们需要做的，不是左顾右盼，而是要向上：首先是承认"自己知道自己不知道"；其次是了解真正的人生"不是你继承的那部分，而是你创造的那部分"；然后，在有意识的觉察中反思"自己能够赢过个人历史的发展潜能"；再然后，为自己想要成为的样子付出探索的跋涉，"重塑认知体系，开启有选择的、有意义的人生"。

你是选择盯着一朵花追求绽放的结果，还是选择打理一座花园欣赏一朵花绽放的过程？众所周知，要结果的不一定有结果，懂得欣赏过程的会终有所得。

牛牛曾带我一起玩过捷德奥特曼变身的桥段，他告诉我：捷德奥特曼是贝利亚奥特曼的遗传基因体，拥有原始形态，还可以使用升华器扫描奥特曼胶囊进行融合、升华、变身，形成"刚燃形态""神奇光辉形态"等多重生命体。

我想，我们每个人都有多重生命体，不管我们多么"卡夫卡"，不管我们曾经多么地"无家可归"，我们都可以告诉自己：在这个世界上你不是只有"孤独形态""无助形态""怀疑形态"，你还有其他形态，但需要你"有意愿"变身才行，这个变身的核心不是外表的形态（样子），而是你内在的心态的调整与认知的重塑，思维的回路是可以用新的代替旧的，是可以蜕变的；依恋的过往再不堪都已经是过往，当你有意识地意识到自己的需求时，不是第一时间寻求依恋他人，而是可以先选择看见自己的强大与智慧，开启接纳自己、理解自己、信任自己的通路，然后才有可能在路上遇见他人，包括你的父亲、你的母亲、你的伴侣、你的孩子，成就彼此的依恋；到那个时候，你就成为会打理花园的人，并渐渐成为孩子学习的榜样，花园不再是从前的花园，你也不再是从前的你，孩子自然也会开出属于他们的花。

曾经有一位来访者听了我为她定制的课程体系后，说："张老师，我的目标不是了解现在，也不是探索未来，而是要深挖我的过去，我必须要弄明白到底是什么让我成为现在这个样子的。"说白了，是她不愿意选择面对自己需要改变的这个事实，非要用了解过去、基因、原生为借口，安安稳稳地停留在不用改变的舒适圈内。

我们不能够凡事"罪责归己"，同样地不能拿着自己生命的样子理直气壮地"怪罪他人"。

卡尔·古斯塔夫·荣格（Carl Gustav Jung）曾说：如果潜意识的东西，不能转化成意识，它就会变成我们的命运，指引我们的人生。

凡是超越了二维平面思维系统的人都知道，"舒适圈"并不"舒适"，甚至"痛苦"，但往往人们更愿意选择痛苦下去，因为否定自己原有的思维系统比维持痛苦更需要勇气。

从被自己讨厌的勇气，到接纳了解自己的勇气，再到拥抱幸福人生的勇气，每一层冲破都需要付出代价。

卡夫卡没能做到的事，我们可以做到。

• 找回生命原貌,创造"家"

◎什么是"原貌"

我们要做到的到底是什么?

学会接纳一切事物的原貌,包括自己。

神经心理学家里克·汉森(Rick Hanson)曾强调,心理学和医学中有一个基本概念,你的人生道路取决于三个要素:你如何应对你的挑战;你如何保护你的弱点;你如何增加你的心理资本。这些与人类潜能相关的要素存在于三个维度:你的世界、你的身体、你的思想。

每个人都有属于自己的"原貌",即你启动"三个要素"时在"三个维度"里呈现出来的结果。

在电影《你好,李焕英》中,女孩贾晓玲必须面对的挑战、曾被守护的弱点、需要增加的心理资本,都与母亲李焕英紧密相关——人生一场,一切到底是命中注定了,还是能够出现峰回路转?到底是一念之间的偏执与悲伤,还是梦醒时分的接纳与幸福?贾晓玲,原本是分不清楚的。

没能考上大学的贾晓玲,伪造了艺术院校的录取通知书。在宾朋满座的升学宴上,脆弱的谎言被当众揭穿——而谎言的起因,是这个孩子为了让母亲高兴,为了让母亲有面子。这个动机的背后深藏的是这个孩子的价值需求,满足外部世界这个社会的需求,更确切地说,是一种莫名其妙的集体虚荣与赞赏取向,那个关于功成名就的狭隘定义下的群落式的潜意识的毒。我们权且把这个维度称为"贾晓玲的世界"。

经历鸡飞狗跳的闹剧后——贾晓玲坐在自行车的后座上,搂着母亲的腰,靠着母亲的背,不需要面对路口的选择,不需要掌握前进的方向,全然地依附,像婴儿一样,只管享受母亲对自己的包容与温暖。

母亲笑着宽慰,贾晓玲笑着回应——母亲担下了整个世界,以为守护了女儿的自尊;女儿隐藏起所有内疚,以为实现了母亲的期待。她们在爱与被爱的互动中进行着浅显地疗愈,得到了"感受上的满意"(贾晓玲的身体),却加深着"表现上的失落"(贾晓玲的思想)。

◎每个成人都可能是"有家难回"的孩子

贾晓玲决定为母亲而活,并迫不及待地许下承诺,却为这个时刻的到来付出了惨重的代价——母亲一边鼓励她,一边转头看向一辆捷达轿车(那是贾晓玲许给母亲未来的礼物和显示自己的成就)时遭遇了车祸。

人生的"挑战"常常在没有任何预警的时刻意外地降临。

贾晓玲不知如何应对的不仅仅是躺在急救床上的母亲的生命,还有更加强烈的、随着心跳监测仪上曲线不再起伏所带来的自我崩塌感,一座"避难所"刹那消逝,大脑应激保护系统瞬间启动,幸运的贾晓玲暂停了时空的运转,掉进了自我疗愈的"盗梦空间",一场杀死自己的计划在梦境里,更是在真实的内心上演。

贾晓玲的人生道路"三要素"集体失灵,她不知道该如何应对避难所崩塌的挑战；她不知道什么是自己的弱点，更不知道要如何实现自我保护；她的心理资本也所剩无几，除了对爱确信的种子。

那时的贾晓玲，最大的"弱点"不是像她自己说的那样，"从来没做过让母亲高兴的事""自己一无是处""活得毫无意义"，而是不了解自己拥有能量，更不了解自己拥有给予他人能量的能量。

多少青少年的自杀因由都和贾晓玲的想法如出一辙，因为"我对这个世界无能为力，但我唯一可以证明自己还有一点能力的事就是放弃自己的生命，那是我对这个世界的谢罪，我不配活着，一切都是我的错"。可是，"贾晓玲"们真的错了吗？

如果总是有人为我们承担原本属于我们自己的责任，如果我们从来都觉得接受他人的庇护是幸福的完美演绎，如果在每一个可以转向的路口我们都为了满足别人的想法而做出虚伪的选择……那么，人生的原貌定是不完整的。

"有家难回"的挑战终有一天会摆在面前，或早或晚。

◎每个孩子都需要会"重构原貌"的父母

电影里的贾晓玲既是我们每个人成长的影子，又是每个人的升华与超越，借助梦境的反思拨回价值的方向，学会接纳自己，学会关怀自己，学会成就自己；让我们在这样可以跳出自己的故事里，得到了成长与释怀，心理资本得到多维度的加持，呈几何状增长。

如果，你也曾无助，可以像电影中的贾晓玲一样，不是所谓的"自杀"（贾晓玲在梦境里将母亲推送到他人面前，认为这样母亲就会嫁给别人，自己就不会出生了，那样的话母亲会更幸福），而是做一场梦境练习，重构心理资本，找回生命的原貌：将自己设定在某个想要抵达的时空中，创造自己想要的人物、事件和故事，并试着和每个人进行最真诚的对话——说出来、写出来、演出来都可以。

贾晓玲的梦很真实，她在梦里回到了母亲的青春时代——1981年。有很多观众会说，那不是梦，是穿越。如果说穿越的概念是转换时间和空间，是一种真实的体验，那么《你好，李焕英》中的设置则更符合一场梦的感觉，因为她趴在母亲的身上哭晕过去进入梦境，醒来时依旧是那个情境，也正是母亲心跳停止、正式离开的瞬间。应该说，这部电影非但不是悲剧，反而是一场真正的喜剧，还有什么比能够在创伤中复原来得更值得庆幸呢？电影里的贾晓玲做到了，不仅仅疗愈了自己，也疗愈了众多需要在创伤中成长的人。

《你好，李焕英》带领所有的观众进行了一次以电影为载体的"自我关怀"，进而化学反应式地让我们得到了"神经重塑"的体验，于是开始了实现"自我接纳"的苗头，拥有"自己的世界""自己的身体""自己的思想"——我们每个人都是自己的殿堂，那个最有力量的避难所，只有在我们的认知系统给了我们清晰的回路后，我们才会有意识地应用，进而擅长，进而形成优势。

神经科学家道格拉斯·菲尔茨（Douglas Fields）和他的研究团队惊喜地发现，这个"优势"叫作"髓鞘质"，它真实地存在于神经纤维的外层，所以才有了"神经重塑"的概念。你的髓鞘质层数越多，你的行为信号传输就越迅速，你的某种表现越会出类拔萃。

"自我关怀"是这一切开始的温床。

很多人在观影后哭得稀里哗啦，情绪得到了同频共振地宣泄，可是却并不知道自己在做什么，这就是无意识的行为。要想建立意识，是需要练习才能获得的。一旦你建立起"自我关怀""自我接纳""自我支持"等神经回路，你的认知就得到了丰盈，你的世界就打开了边界，你的身体和思想就都得到了重塑，那么你就可以在任何你需要的时刻去有意识地使用它，以帮助自己，甚或他人。

这，是培养心理资本的要义——就像一首老歌的旋律会应景地被你哼唱，是因为你曾唱过千遍；就像一道家乡菜的味道会适时地被你想起，是因为你曾吃过万回——通过不断的练习形成不需要思考就能记起的习惯，在神经系统中留下的痕迹成就了我们曾经的形态，也可以创造我们要成为的未来的样子。

我们不需要紧盯着原有的回路不放，把它留给时间就好。没人能抹去过去，在空白的大脑与空洞的身体里建构思想——我们需要的不是抹杀些什么，我们需要的是重构些什么。

我们的每个新思维都来源于已经存在的旧经验，那些被放下的不是忘记，是接纳。接纳那些代谢不掉的或无须代谢的，接纳成一个最小的自我组成单位，分子、原子、粒子、玻色子、费米子……由你定义，由你重组。

"万物皆有裂隙，那是光照进来的地方。"我们都会有伤痛，都会面对疾病与死亡，都会错失真爱或选择的机会，都会有想要依恋却始终无法满足的对象。存在抑或缺失——每个人都那么脆弱，我们不需要揭开脆弱的裂缝供他人观看，但我们可以学会自我关怀，在裂缝中注入足以滋润那颗迷失的种子重新向阳的能量，不仅拥有更富有弹性的生命复原力，还可以拥抱更有价值意义的幸福人生。

我可以做的，是写下一些文字，给需要的人，让我们的大脑随着我们的体验发生改变。我愿意用一本书的投入来跟你深度沟通，你也一样可以找到某种方式跟自己深度沟通。

人和人（自己和自己）的关系，之间最大的弹性不是别的，是沟通、理解与表达的程度。

人类发展学家、心理学"自我关怀"领域创始人克里斯廷·内夫（Kristin Neff）的研究有力地证实了其有效性，接下来的这个练习会让你更有希望感，更有价值感，更会收获成功。

这是个需要积极付出的体验，我们大脑的神经元每秒钟放电

5~50次，只要每天练习就可以培养出"重构原貌"的习惯回路，非常简单和直观，用1分钟或更少的时间来反复练习以下内容，需要分步骤进行：

1. 我们可以学会"自我关怀"的第一步，承认伤痛，并期望缓解；

2. 我们可以温柔而有力地引导自己，这是第二步，回想被他人关怀或自己关怀他人的时刻，然后专注于体验中，再留住这种体验后的感觉；

3. 当你知道了关怀的感觉，并能够辨识生活中耿耿于怀的情愫，那就是时候进行第三步了，把关怀之心带给自己，就像对待一个和你处于同样境地的朋友一样。你不是一个人在战斗。把手放在胸口上，面对镜子里的自己，根据发生的具体情况，对自己说"愿我不再自责""愿我不再焦虑""愿我可以战胜病魔""愿我可以实现幸福"……然后想象关怀像温暖的春雨般轻轻地降落在你的身上，抚慰你内心的疲惫、痛苦及渴望。

以上的练习过程，是一种有效自我重塑的开始，类似一场有更多种行为的正念，你的意识会更强烈、更真实。需要你了解的是，这个过程不是在无中生有地创造一种力量，而是关于你原本就拥有的力量的探寻、确认与熟悉的过程，是一场潜能发展运动，是你从来都拥有，但需要有意识才能更好地为你所用的力量的显现与表达。

如果你还无法了解自己是否需要进行这样的体验，或者你不知道怎样的体验才算是实现了自我关怀，那么可以去看下电影《你好，李焕英》，去跟着电影中的贾晓玲一起进入梦境，你会发现那正是克里斯廷·内夫所讲的自我关怀，也正是以上提供的方法，这就是为什么我没有讲电影细节的原因，是不希望给你一个先验的经验，影响你真正自我的投入。

在此，我推荐米哈里·契克森米哈赖（Mihaly Csikszentmihalyi）的《心流》，它会教你如何全情投入；还有里克·汉森（Rick Hanson）的《复原力》，它会引导你享受正念的科学成果；关于如何坚持，可以翻看丹尼尔·科伊尔（Daniel Coyle）的《一万小时天才理论》和安吉拉·达克沃斯（Angela Duckworth）的《坚毅》。以上著作或许都是你需要的。

克里斯托弗．彼得森（Christopher Peterson）曾说："积极心理学不是一项观赏运动。"是的，你不行动起来，是永远无法了解我在说什么的，只有和我一样投入时间和精力，渡过一条自己愿意选择的河流，回首间，在彼岸，才可以看见更多维度的世界。

事实，或许我们无法到达，但可以一点点接近。

我们需要学会对自己仁慈，就像电影中的贾晓玲最后终于在各种想要改变命运的努力的徒劳中学会了接纳一切事物的原貌，才拥有了幸福的能力。

我们需要用"有意识"去依恋的，不是别人，恰恰是自己。

在"你的世界""你的身体""你的思想"里，你如何应对你的挑战，你如何保护你的弱点，你如何增加你的心理资本？

如果说"家"的隐喻本身是我们关于生命的故事，那么：

每个故事的发生，都需要一个有意义的前提，这个前提的价值会让你愿意探索、展开、挑战，赢得些什么。

每个故事的要素，都离不开一个有意思的结构、角色、论点、象征、情节、场景、对白以及永不完结的悬念。

每个故事的流传，都非常雷同地相似于一个"有意向"的内涵，绝不例外地紧扣正义、幸福、美好、智慧、勇气、坚毅、仁爱以及精神的卓越与升华。

每个孩子都需要会"重构原貌"的父母，以从他们身上学会"打理花园"的技能，创造属于自己的"家"。

• 解锁"清窝"密码,修复"家"

◎什么是"清窝"

牛牛曾问过我一个问题,他说:"妈妈,你会清窝吗?"

"清窝?"我没能明白他的意思,一脸茫然地看着他。

他看出我很困惑,然后继续说:"我看了一部纪录片,狐狸妈妈会在小狐狸一岁半的时候把小狐狸赶出去,不再照顾它。就是这个意思。妈妈,你也会这样做吗?等我长大了,在某个时间把我赶出去,不让我待在家里了?"

我赶紧把自己的脸凑得不能再近了,看着他的眼睛,一边微笑着一边慢悠悠地说:"我想,我不会像狐狸妈妈一样清窝。但我知道,你终有一天会头也不回地离窝而去的,那个时候我会为你庆祝。"

牛牛在我回复的整个过程里都听得非常认真,听我这么说了,便眨巴着眼睛看着我,一边点头一边安心地说:"那就好!"那股心里的偷乐劲儿早已从他努力控制的表情里一览无余——有种失而复得的喜悦,却又怕被人发现,强装低调的样子。

每个长大的孩子都在渴望独立,但同时又希望有一个既可以随时离开,也可以随时回去的家,即便他离开后不再回去,那他也要拥有这样一个地方,哪怕只是用来想念也好。有了这样一个随时守候他的地方,他便可以没有后顾之忧地乘风破浪、披荆斩棘、英勇无敌，希望值、自信心、抗挫力、复原力、幸福感……都是他们可以随时自我续航的能力。

这个"永远在的地方"，其实，并不是我们可以看见的、显性的、物化的什么，而是那其中隐藏着的"安全关系"，是一种不离不弃的归属感。安全关系越强大，自我效能才会越强大。

对于我和牛牛来说，关于"家"的概念又有了新的内涵。

"依恋"的实现，是一种执行：需要我们有意识地完成，需要我们投入时间与精力地练习，需要我们态度坚定地持续。

"清窝"的实现，是一种发生：需要我们顺应生命发展的潮流，无意识地、自然而然地完成，需要耐心等待，需要无条件守候，需要爱与被爱的交互。

"依恋"与"清窝"，似乎可以让我们更加明白什么是关系，可这个关系的美好样态要如何建立？

卡夫卡的父亲无时无刻有意识地"清窝"，儿子却从未长大，不曾拥有"家"、不会创造"家"，更加不会修复；贾晓玲的母亲从未做过任何"清窝"的举动，却在打理花园的人生道路上花开似锦，教会了女儿成长，即便是母亲这座避难所轰然倒塌，女儿也能够重构心理资本，创造与修复属于自己的花园。

有的故事以孩子的成功（让自己满意）为目标，却爱意尽失；有的故事以孩子的成长（满足孩子的需求）为意义，却爱有天意。

电影，是一门神奇的艺术，可以讲一个对于我们来说哪怕不完整，但也可以趋近完整的故事；生活，虽不能真的如一个故事创作者一样描绘全貌，但你仍然可以为自己的表现做主，包括你的那些身不由己，其实都是你经过决策的选择，可能最大的差别在于你是有意识还是无意识。

这就是生活与电影的交集，关于故事，吸引我们的不是未知的悬念，而是看见全貌的可能，一种让我们愿意打破真实与虚构的边界，在别人的故事里窥探自己生活的映射——确是另一种可能，就像生命的平行时空里的另一个关于你的故事。

约翰·特鲁比（John Truby）被誉为这个世界上最会创造故事的人，是好莱坞电影产业中首屈一指的剧本创作顾问，很多大片导演、编剧、制片人都是他的学生，他曾在他的故事写作课程中强调，"在往下进行之前，让我们先用最精简的一段话为故事下定义：说的人告诉听的人，某人因为想要什么而做了什么，又为什么这样做。""这当中有三个截然不同的元素：说的人，听的人，以及说出来的故事。""首要而且最重要的是：故事创作者就是表现这个故事的人。"

对于父母来说，我们就是关于家的故事的创作者，也正是这个有关爱的故事的呈现者、讲述者——有些人，有了故事，就想好好地讲完；有些人，没有故事，就想好好地创造。

生养孩子，是我们最有成就感的"故事"，就像李宗盛的歌曲《希望》中唱出的一种情景，"养几个孩子是我人生的愿望，我喜欢他们围绕在我身旁。如果这纷乱的世界让我沮丧，我就去看看他们眼中的光芒"。这比电影来得更真实，可要看见全貌，却并不容易，你需要通过创造赢得一个充分且必要的条件，那就是你的认知回路，你的有意识程度，你的心智化水平，它们将决定你所有的行为（这里的行为，不仅包括你的身体反应，也包括你的思想、感受、情绪，等等。既有显性的部分，又有隐性的部分）及其产生的影响。

小狐狸妈妈清窝的故事，我们还没有讲完。我们需要再一次明确这个故事的主角，不是别人，正是你自己。只有对此有意识了，你被依恋的能力才会增强，无意识"清窝"才会成为可能，此为第一种成长。

◎每个成人都可能是"离家出走"的孩子

很多人在咨询亲子关系的时候，都会强调自己的孩子有问题、自己的长辈有问题，当我在回应中提到父母需要成长的层面，则会遭到不同程度的抗议，因为其早就认定了"都是孩子的错""都是长辈的教育有问题"，从而判断"这个老师不怎么样""这个老师帮不了我"。

由此，我并没有因为某些上门者的要求而改变课程的初衷，反而是越来越坚定接收学生的原则：一是你意识到这是关于自己成长的课程，不是来我这里学个方法回家对付孩子、对付长辈的，你才是主角；二是你愿意通过自己的成长储备能量，然后再去实现了解、理解、支持与帮助孩子的成长，你接受这是个有逻辑的、周期性的投入；三是你知道每个故事的生成都需要他人的支持，你愿意在相应的关系中付出时间和精力。

故而，能进入我的课程学习的人，可能不是一下子可以做到这三点的人，但一定是个尊重自己、想为自己的故事负责的人——他们都迈过了自己心里的那道坎，这个"坎"不是别人能摆出来给你看的卦象，而是你内心滋长的那个带着初心与愿景的信念，能够显露出细水长流之气象，挑战极限，精深发展；你可能会有些累，也会出错，但会收获完全新鲜与高屋建瓴的视野，在时间与空间两个维度里并行。

我曾在电影中看过几个女孩的故事：《鬼妈妈》（Coraline & the Secret Door）中的女孩卡洛琳，因为想要打发没人陪伴的时光，推开了一道神秘的门，前往另一个家，差点儿被假扮妈妈的鬼妈妈吸走灵魂。《头脑特工队》（Inside Out）中的女孩莱莉，因为想要逃离并不喜欢的新环境,坐上了一班雨中的公交车,离家出走,差点儿被情绪控制成丧失快乐能力的人。《小王子》(Le Petit Prince)中的女孩,因为想要探索小王子的剧情,穿过了院墙的裂隙,走进了老飞行员的家,差点儿被早熟的"人生大计"夺走生活里的童话。

以上三个小女孩,都因为父母的选择被迫搬到了新家;都拥有因为工作忙得团团转而没有时间陪伴孩子的父母;她们都因为自己有了情绪的波动没被大人觉察而对生活充满了失望,选择"离家出走"。这就是故事诞生的原因,而不是都发生了搬家这件事本身——搬家只是个导火索——她们都有着被父母忽视的体验,虽然被忽视的形式、负面情绪的表达都不尽相同,但故事的"意义"都有着同样的指向,全部毫无例外地聚焦于"赢得爱的体验"——一个关于"家"的需求。

我很想提出一个问题,却不想草草了事。如果你也正思考着什么,那请和我一起做几个深呼吸,然后再继续往下看。

我的问题是:"离家出走"的人到底是孩子还是父母?

每个被冠以"离家出走"标签的孩子,都像是一场父母 IP 的商业炒作,因为这样就可以把错抛给孩子,就可以把形象留给父母,就可以让父母的负罪感减轻点,就可以不用跳出舒适圈,就可以继续硬生生地"清窝",就可以理所当然地继续让孩子"无家可归"。

只要稍作反思就能发现某个被掩盖的事实——每个孩子都可能是被迫出去寻找"家"的孩子;每个父母都可能是理直气壮地离开"家"的父母。

原来,每个"小孩"——包括每个孩子,也包括每个自以为是的大人——都拥有属于自己的"密码",解锁能力是我们必须修炼的第二种成长。

◎每个孩子都需要会"解锁密码"的父母

这个密码不同于其他的什么密码——不是用来阻止什么，而是用来等待更多的"被打开"。每个"小孩"最期待能打开自己的人，都是自己的爸爸和妈妈。可生活里最大的难题是，孩子不知道如何告知他人"自己有密码""密码是什么"这回事；父母也不知道自己需要洞察"密码的存在""密码正在等待使用"这回事。

孩子因为是孩子，所以有权不知道；父母因为是父母，所以你无权托词。

看来，需要主动做些什么的，往往不是孩子，而是父母，是常常标榜为大人的我们自己。

大人们到底要怎样做，才能拥有解锁密码的洞察力呢？

你需要知道的是：一切表现形态都是经过编码的信息；一切你看见、听见与感知的信息背后，都存在着你没看见、没听见与没有感知到的真实动机；这个真实动机正在发出信号，比如孩子的任何异常行为其实都是一种求助，甚至求救，正等待你的接收；你需要掌握调频的技能和即兴接收信号的能力；你需要破译信号的超级智慧，且能够按照自己和孩子的需求不断升级迭代，以应对每天都在发生的成长，改变频率或者重新编码。

你需要付出的是：能够读懂传达的隐藏信息，愿意投入时间和精力破解密码的逻辑，反复尝试，找到输入密码解锁的最佳契机，并为此付出有效的关键性行动。

你需要接纳的是：这里的"小孩"不仅指低年龄段的孩子，也包括我们每一个期待被理解、被爱的成人。如果你的父母没有教会你自我关怀的一切，那么请不要对他们提出要求，除非他们已经有这个成长的意愿，否则我们只能从自己开始，而不是追根溯源，你才是那个已经"有意识"的人，你才是此刻这个故事的主角。如果你不想让自己的孩子将来有你如今的遗憾，那么请先唤醒自己，再唤醒他人。

我承认，这些能力听起来有些复杂。而事实是，生活里的故事比以上都更加复杂。因为别人的故事，你可以冷静地观看；而轮到自己的生活，你则会不知不觉地用情绪对待。问题，本来就是日常存在的。

修炼所带来的从来不是防止问题的出现，而是将"问题"转化成"题目"，且能按自己的步骤解题的能力。简单地说，就是应对挑战、保护弱点、增加心理资本的能力。此为第三种成长。

改变的本质，就是创造新经验，用新经验代替旧经验。我所说的"经验"，分为两个部分：第一个部分是"经"，这里指经历，意思是身处其时间和空间之中；第二个部分是"验"，是指经历过后的思考、认同与批判，也就是经历过后，我们对其有意识地辨别，从正向收获可以指导未来人生的能力。

当我们拥有了无意识"清窝"的三种成长：接纳自己才是最需要成长的主角；修炼解锁"小孩"复杂密码的技能；掌握将"问题"转化成"题目"的能力。那么，一个几乎可以看见原貌或全貌的故事就诞生了，慢慢在你的人生中显露、绽放出精彩——"学校""港湾""灯塔"都将是你最好的代言。

"清窝"不再是小狐狸被迫接受的现实，而是会成为你自由选择的未来，窝还是那个窝，而你已不再是从前的你。

"家"可以很大，凡你的身体和灵魂停留过的地方都是家，这是一种经验，你可以无意识地实现；"家"可以很小，只有你的身体和灵魂得以全然打开的地方才是家，这是一种体验，你只能有意识地拥有。

其实，这里所说的"大""小"并不真的存在，唯有那个"有意义""有意思""有意向"的、属于你的独一无二的故事，才是你最从容的"家"。你的投入越多，你的"体验"越丰盈，你收纳的"经验"也就越雄厚，你的"家"就越会有一座殿堂的样子、一座花园的样子。不管是实现孩子的需求，还是疗愈我们自己，都会因为拥有强大的安全依恋而飞得更高更远。

后来，我的儿子也曾提出过相同的问题："妈妈，何以为家？"我越来越确信地回答："让生活成为我们成长的故事，让生活成为我们最好的作品。"

这是一场关于自己对自己的关怀，这是一场关于自己对自己的创造——是新生，是当下，亦是未来。在这部关于内在自我成长的启蒙中，你的未来到底会发生什么，我不知道。或许，此刻，你正酝酿着某种开篇，以让自己成为一个有故事、写故事、说故事的人。

+ 认知练习 +

自我关怀

一

请学会关怀自己

「准备」走到一面镜子前，将房门关上，浴室、洗手间、卧房都可以；深呼吸，与镜子里的自己对视；温柔地，保持嘴角上扬与善意。

「表达」对自己说四句话或四段话，分别以如下语言开始：

1. 我爱你……
2. 对不起……
3. 请原谅……
4. 谢谢你……

如果在对自己表达时需要更多力量，请用双臂紧紧将自己抱住，然后重复循环这个"四句话表达"。当所有的情绪出现，都不是因为你错了，而是你需要被关怀了。我们的孩子也是如此，你对你的孩子常进行以上的表达吗？四句话足以给孩子拥有"家"的底气。

5

跳出重围：赴一场颠覆观念的历险

"我成了我自己，我一直都有这个能力。"

• 不讲条件，遇见"可爱"的哲学

◎ "可爱"的对话

"妈妈，那什么样的孩子不可爱啊？"

这个关于"什么样的孩子不可爱"的问题，源于我和儿子牛牛的一次对话，那年他3岁。在很多年以后的今天，我依旧深深地感激他曾向我提出过这样的问题。

那是个普通的日子，我们一起去超市购物，牛牛看中了一个铁皮车，却要因此购买一打酸奶，因为铁皮车是酸奶的赠品——但对于爱车的牛牛来说，酸奶才是那个赠品，所以酸奶是不是自己想要的已经不重要了，重要的是赶紧结账，真正地拥有那辆心爱的铁皮车。

于是，从放入购物车到结账完成的过程里，牛牛都控制着内心的兴奋，尽量保持安静——他用手紧紧握住购物车的边缘，看看铁皮车，再看看我，又看看结账队伍的长度，然后耐心地等待着拥有铁皮车的时刻到来。

回家的路上，牛牛目不转睛地全方位浏览铁皮车的每个细节，眼睛里闪烁的全都是爱意，脸上也毫无保留地挂满了心花怒放的表情。牛牛问我："妈妈，上次圣诞节的时候，圣诞老人送了我一个礼物，是越野车。我现在又得到了一个铁皮车。你说，下次圣诞节的时候，他还会不会送我礼物了？"

我一边看着路口打着方向盘，一边敷衍着回答："可爱的孩子，圣诞老人都会送礼物的。"

"妈妈，那什么样的孩子不可爱啊？"

一瞬间，我被这个 3 岁的孩子问住了，所有的理由在那一刻都显得苍白无力——我可以说，我刚刚将注意力放在了开车上，所以没听清你的问题，其实我不是这个意思；我可以说，我刚刚没来得及思考，只是随口一说，你别当真。我可以说某个孩子因为不可爱，所以圣诞老人不送他礼物吗？我做不到。我做不到说出任何借口或者扯谎，让我的孩子从此被植入一个令人不安的误导，去认为只有努力成为某种圣诞老人或者大人们想要的"可爱的孩子"才能得到圣诞礼物——我为自己潜意识里的操控欲按下了暂停键，倒吸了一口凉气，空白了几秒钟后，再次进入对话——我一边用力地点着头，一边展示出足够的诚恳，顿悟式地说："是啊，什么样的孩子不可爱啊？孩子不都是可爱的吗？！谢谢你告诉我这一切，我爱你。"

牛牛听了我的回复，看着我，嘴巴兴奋得张大到看得见舌头的"舞动"，眼睛开心得眯成了几乎看不见东西的弯弯的月牙状，即便是在后视镜里，我也看得一清二楚。这笑容挂在了我的心里，也复制般地挂在了我的脸上。牛牛看着我夸张的回应，有些腼腆地说："妈妈，我好厉害啊，发现了一个天大的秘密，你都没发现的秘密。我是不是特别会思考，就像你之前说的，我就是个哲学家。哈哈……"

◎ "可爱"的维度

关于"可爱"的标准与表达，我们常常陷入一种惯常的思维模式，往往用于某些人、事、物"令人喜爱"的维度，也就是说可爱不可爱的判定权不在孩子手里，而在大人心里。或者说，当你在语言上或心里面使用"可爱"这个语言进行描述的时候，只是代表孩子满足了你的喜爱需求，而其是否真的"可爱"并不重要。

从这个维度上讲，可爱是一种观念，而不一定等于事实。其实，这只是"可爱"的一个层面，也是我们熟悉的层面。牛牛关于"可爱"的问题，引导我看见了"可爱"的另一个层面——"可以去爱"，这个层面强调的不再是值不值得爱，而是是否选择爱。

对于父母来说，这"另一个层次"的"可爱"，才是真正的必修课。你面对任何人，不管对方多么令人敬爱、喜爱，你都可以选择不爱——只有一种情况例外，那就是你面对的是自己的孩子，这个情况下的选择只能是"可爱"，因为这个情况下的你在选择生下孩子的时候就已经同时选择了一种冒险，无论如何你都要付出一种"可以去爱"的自由与责任。

"可爱"，在父母的字典里，不再是"可爱的"形容词，而会成为"可以去爱"的动词；不再是面对呈现的简单描述，而是要用行为去实现的复杂形态。

你可能会问：难道生了一个孩子，就一定要选择"去爱"，就一定要选择"责任"吗？当然不一定，因为根本没谁跟你提这个要求，除非你自己选择，你是自由的。德国哲学家里夏德·达维德·普雷希特（Richard David Precht）曾表达过一个哲学观点："并不是每个问题都可以解释，很多问题只能有一个大概的答案，但同时也会产生更多新的问题"。所以，当你提出这些问题的时候，你就回到了一个"不预设的小孩"的样子，"可爱的小孩"的样子，你也就成了哲学本身。

对于哲学来说，最怕的就是没人提出问题。牛牛提出了一个问题，于是"可爱"变成了哲学。

◎ "可爱"的动机

你可能会说：去爱就是了，那当然是我的自由，我既然生下了孩子，就要把我的能力所及都用在养育这件事上，我会想尽一切办法负起这个责任。这表明，你对"去爱"的责任没有质疑，可你真的领会了其中"自由"的内涵吗？

可以去爱的自由选择，动机可能有两种：一种是发自内心地满足自己的喜欢与享受，同时你也尊重对方的需求，选择了过程；一种是委曲求全地满足自己想要的成功与形象，你更尊重自己的需求，选择了预设的结局。

如果你正因为某个被设定好的结局而拥有绝对的自由，那么你的自由就一定已经在限制他人的自由。如果父母被允许自由地做任何事情，那么你的孩子将处在一个十分可怕的被控制的共生环境之中。

可悲的是，有些父母和孩子却并不自知"到底发生了什么"。

从"可爱"到"去爱"，是一种关于从"知道"到"做到"的距离，是一种从"野蛮爱"到"心智爱"的起点与方向，是"成为父母"这段意义里不可或缺的历程。我想，我的孩子不需要专注于如何让父母觉得自己"可爱"这件事上了，因为我已经全然地选择了"去爱"。"可爱"，是不需要讲任何条件的爱。

• 不求完美,觉察"野蛮"的执念

◎ "野蛮"的第一层:你有问题

我们依旧借助电影故事来了解和理解"到底发生了什么"。在威尔赫恩家族,一个叫佩内洛普的女孩,被认为是非常不可爱的,包括她自己也这么认为,整整25年。有人说那是女巫的诅咒,有人说那是威尔赫恩家族的必修课,也有人说那是佩内洛普的母亲不懂得尊重、爱与养育所付出的代价。

故事来自电影《真爱之吻》(PENELOPE)——很久以前,威尔赫恩家族的继承者拉尔夫爱上了女仆克莱拉,拉尔夫想要娶克莱拉的想法遭到了众人的嘲笑。最后,他在整个家族舆论的影响下娶了"最应该娶"的女人,而怀有身孕的克莱拉却不堪羞辱,纵身跳下了悬崖。克莱拉的妈妈是一个女巫,她决意让这些冷血贵族们自食其果——在威尔赫恩家的草坪上洒满了动物的内脏,诅咒威尔赫恩家下一个出生的女孩会生就一张猪脸——只有当贵族血统中有人对这个女孩毫无保留地付出爱,诅咒才能解除。

诅咒就像是悬在头上的一把利剑,之后,每位嫁入威尔赫恩家的新娘都心怀忐忑,唯恐诅咒落到自己身上。但是他们都非常幸运,生下的都是男孩,男孩再生男孩,男孩再生男孩,男孩再生男孩……直到迎来了威尔赫恩家族真正的"下一个女孩",佩内洛普。

作为母亲,看着自己生下了一个长着猪脸的女孩,如果是你,你会做何感想，又会如何应对？

佩内洛普的母亲杰西卡是个积极的行动派，她瞬间做好了心理建设，决定让自己迅速成长为一个有战斗力的母亲。她为这个女孩做了很多事，很多她自以为无限慈爱与伟大的壮举：杰西卡匆匆地抱着婴儿去整容，要求把猪鼻子割掉。医生说不能割，因为连着颈动脉，有生命危险。那怎么办？杰西卡是无论如何都不能让人知道自己生了一个"怪物"的。她想，干脆对公众撒个谎，就说女儿已经死了。可又觉得不行，公众没那么好骗，那就举办一场火化仪式，让他们亲眼看见。于是，杰西卡非常投入地上演了一场痛失爱女的苦情戏，各大媒体争相报道，既博得了同情，又遮盖了真相。

杰西卡非常有策略地平息了"女巫的诅咒不是传说，威尔赫恩夫妇诞下猪脸女孩"的轩然大波。

终于可以喘一口气了吗？不，一切都需要从长计议。杰西卡强烈地意识到，不能让女孩踏出古堡半步，所有见过女孩的人都要签订保密协议，要好好地把女孩藏起来，直到可以破除诅咒。

很显然，杰西卡只是在满足自己的形象需求，而不是去满足女儿的成长需求；她选择了让自己具有绝对的自由，同时限制了女儿所有的自由；选择了结局，而不是真爱。

"你有问题！"——就这样，一个女孩的人生被母亲残忍而粗暴地封存，竟是以爱的名义。

◎ "野蛮"的第二层：你没有问题

从看见佩内洛普的第一眼开始，母亲杰西卡就全然地接受了传说的所有内容，并不停地进行自我催眠——这个女孩是被诅咒的，这个女孩是一种惩罚，这个女孩丑陋不堪，这个女孩是不被爱的，这个女孩需要别人的真爱来拯救——虽然极其不情愿，但却接受得没有任何迟疑。杰西卡的养育目标从来都不是"让女儿获得真爱"，而是"让女儿的猪脸消失"。是的，非常明确。

如果，杰西卡能够遇见我的儿子牛牛——我想，牛牛一定会告诉杰西卡该如何爱自己的女儿，他会说就像他爱他的铁皮车，于是铁皮车成了主角，自己会欣然收下酸奶这个被附带的赠品；不管赠品是酸奶还是猪鼻子，不管你喜欢还是不喜欢，既然是一种没得选的绑定，与其死盯着"赠品"不放，还不如好好体验"真爱"。这个连孩子都会做的选择，在成人的世界却很难达成。

对于像杰西卡这样的母亲来说，"赠品到底是什么"本身就是难题——在"猪脸"和"女儿"两者中，哪个是主角，哪个是赠品？

女巫的原话明明是"只有当贵族血统中有人对这个女孩毫无保留地付出爱，诅咒才能解除"——很显然，"毫无保留地付出爱"才是主角，"诅咒"只是个赠品，"有贵族血统的人"不过是像杰西卡这样尚未懂得真爱为何的人。杰西卡不仅囚禁了女儿，也囚禁了自己。后来，佩内洛普也曾说，她自己不是唯一的受害者，最大的受害者是自己的母亲。

著名导演、编剧马丁·斯科塞斯（Martin Scorsese）曾表达过一个关于编写剧本的观念："要写台词，不要写潜台词。"杰西卡很懂得这个关于剧本创作的套路，她为公众写出的是"佩内洛普已死"的台词，把女儿藏起来，而内心却有着另一种强烈的独白：既然是惩罚，那一定是因为犯了错，但犯错的人绝不能是自己，或者确切地说绝不能承认是自己，继而绝不能承认威尔赫恩家的诅咒应验了，绝不能承认自己生下了猪脸女孩，绝不能承认父母对改变这个孩子的容貌无能为力。

"你没有问题",是杰西卡在"你有问题"基础之上进行的第二个层次的自我催眠。对于杰西卡这个母亲来说,这些不能"写出来"的深藏不露的内心戏是非常让人挣扎的,与其说"自己的女儿长了一个猪鼻子"是不能被接纳的,那么"被公众知道自己的女儿长了一个猪鼻子"是更加不能承受的灾难,这是杰西卡"应对"佩内洛普这个孩子的核心信念。

让女儿的缺点消失,成了杰西卡作为母亲的唯一使命,年复一年,日复一日,不敢有丝毫懈怠。被她抛在脑后忽略不见的,包括与丈夫的爱的互动,享受与女儿一起成长的天伦之乐,关注自己生活中的细节与幸福,更不用说与大自然的相处,闻见花香,听见鸟鸣,还有看见他人的友善……这,是多么大的代价。

杰西卡宁愿抛弃全世界也要完成改正"猪鼻子"这个缺点的养育策略,且执行得滴水不漏。她盯着劣势,强调缺点,时刻惦记着如何补足短板。这样的杰西卡像极了我们的"传统教育",即哪里不足补哪里,而优点是不需要肯定的,根深蒂固地传承着"应该"的教义,孩子就应该听话,就应该表现得和爸妈想要的一模一样——可是,我们到底要听谁的话?我们又为什么一定要听话?而那个所谓的"正确"又是从何而来?这一切,从来不属于杰西卡的思考范畴,也很少在学校和家庭教育者的身上显现,由来已久。如果孩子提出了质疑,一定会被贴上很多标签,比如"不乖""不孝""叛逆""不懂事"……身上的标签被贴得越多,我们需要付出的代价越沉重,孩子的自信就会丢失得越加彻底。

18岁就成人了,成人后就可以嫁人,嫁人就意味着能够获得真爱,有了真爱,佩内洛普的猪鼻子就会消失,一切就会恢复正常——这是杰西卡深信不疑的完美逻辑。

可是,即便应对得再井井有条,也不过是自欺欺人的"看起来很努力"。当一个母亲只是想把孩子变成自己想要的"可爱",却完全忘记了毫无保留地"去爱"时,这本身就是场"诅咒"。

如果说人生本就是一场戏,那么杰西卡还是忽视了一点,那就是做母亲与养育孩子绝不是拍电影,而是一场即兴的演出,随时可能遇见意外,你对这个意外说"YES"可以演很久,如果说"NO"则会演不下去。

到底什么是生活应该有的样子,杰西卡这个母亲并不了解。

杰西卡是个对"台词"要求很高的"导演",为了让女儿相亲成功,她一字一句地向女儿传授自己的理念,告诉佩内洛普,绝不能接纳自己看见的一切,那都是假的,不论何时在镜子里看到那张猪脸,都要对自己说:"我知道,这不是我的脸,是曾曾曾曾祖父的脸,他不是我,我不是他,而我也不是我。"之后,她还会带着充满斗志的目光郑重地叮嘱佩内洛普:"千万不要忘记。"

每一个看过《真爱之吻》的人都知道一个事实,那就是佩内洛普真的很可爱,即便有凸出的猪鼻子,但并不影响她的美,甚至成了她与众不同的特色,这也是后来公众喜爱与追捧她的原因之一,绝不仅仅是因为好奇,还有"去爱"的善意。

我们到底是"应该"这样?还是真的"需要"这样?我们这样做,到底是孩子的需求,还是父母自己的需求?我们能不能少说点、少做点,甚至在不知道如何应对的时候选择什么都不做?这着实需要勇气,更需要智慧。

如果你已经主动惯了,那可能需要尝试提醒自己做到:不说督促、检查、提醒的话(放下高高在上的上级领导姿态),不说指责、数落、嘲笑的话(放下歇斯底里的混乱情绪面具),不说没话找话、假意恭维的话(放下卑躬屈膝、违心讨好的无能表现)。

当你可以做到这"三个不说"和"三个放下",你的大脑才更具有理性思考的能力，清零重启之后，根据自己听见、看见和感受到的一切做出积极有效的回应，这个有效不是要你达成自己的某个目的，而是做到让这个回应本身有效。

如果你还不知道如何回应，那就做到清零"什么都不做"即可，就真的什么都不去做，一阵子过后，可能是10天、30天、90天，或者更长，你听见、看见和感受的足够多了，会自然而然地生出一种叫作"反思"的能力，那时候你就知道自己要做些什么了。

◎ "野蛮"的第三层：我说你有问题你就有问题

在我开办的父母成长课中，常常有父母列举自己亲子关系最焦虑和紧张的时刻，概率最高的莫过于接到班主任老师的电话。班主任老师的电话内容当然各不相同，前提都是为了你家孩子好，而且指向也都是相同的，就是帮你的孩子贴标签，要么"注意力不集中，总是分心"，要么"心思不在学习上，总是想着玩"，要么"纪律性太差，总是打扰别的同学"，要么"太没礼貌了，总是跟老师对着干"……最后，一定还会郑重地、富有爱心地嘱咐父母说："我们当老师的能做的都做了，你们当父母的要多花点心思在自己孩子身上，你要是再不好好管，这个孩子的未来就真的让人担忧了。"当老师们如此说的时候，我的学生们都认为自己是个失败者，没有当好父母，也没有教育好自己的孩子。

有多少老师高高在上地对自己的学生使用过这样的假设？有多少父母曾不知不觉地对自己的孩子使用过这样的假设？有多少夫妻自然而然地对自己的伴侣使用过这样的假设？很多。我们常常用我们的经验来判定眼前发生的一切——重要的不是发生了什么，而是你认为发生了什么——事实不一定是事实，得你认为是事实它才是事实，这是怎样的一种逻辑？

一次，我走进儿子的房间，看到他在吃坚果，于是那个假设跳出来告诉我这个孩子没有在写作业而是在吃零食，而且还破例在书桌上吃。"你不是说自己要做作业吗？"我问话的言外之意是"你这也没有在做作业啊，分明是在吃零食，而且还违反了家庭规则，将食物拿到书桌上吃。"但是，很快我就发现我错了。

牛牛一边咬着开心果的壳，一边慢慢仰起脸淡定地说："我正在做作业啊！"我瞪大了眼睛看着他，他明白那是我的质疑，然后慢吞吞地说，"地理老师要求用果壳做地图，家里没有果壳，我来吃点果壳出来。"那一刻的我好羞愧，因为那个让自己都有些陌生的自己。

我及时做出调整，在觉察的第一时间向儿子致歉："非常抱歉，我刚刚看到你在吃坚果，竟然有些自以为是了，如果可以的话请你原谅。有什么需要我帮忙的吗？可以告诉我。"

"哼！妈妈最小气了……"牛牛撒娇地嘟囔了一句，并没有不开心，继续吃他的坚果了。

我们以为拿着坚果吃的人都是在享受休闲时光，但世界上还有一种吃坚果的事实叫作"我正在做作业"，这是牛牛帮助我开启心眼重新看到的世界。过后，我整个人都亮堂了许多。

有话语权的人发表的言论不一定都是理性的，更不用说是真理，我们需要用智慧去回应。

黎巴嫩诗人纪伯伦写过一首诗《论孩子》（On Children），收录在他的诗集《先知》中。他说：

你们的孩子，都不是你们的孩子，
乃是"生命"为自己所渴望的儿女。

他们是借你们而来,却不是从你们而来,
他们虽和你们同在,却不属于你们。

你们可以给他们以爱,却不可给他们以思想,
因为他们有自己的思想。

你们可以荫庇他们的身体,却不能荫庇他们的灵魂,
因为他们的灵魂,是住在"明日"的宅中,
那是你们在梦中也不能预料的。

你们可以努力去模仿他们,却不能使他们来像你们,
因为生命是不倒行的,也不与"昨日"一同停留。

你们是弓,你们的孩子是从弦上发出的生命的箭矢。
那射者在无穷之中看定了目标,也用神力将你们引满,
使他的箭矢迅疾而遥远地射了出去。

让你们在射者手中的"弯曲"成为喜乐吧,
因为他爱那飞出的箭,也爱了那静止的弓。

说是"论孩子",其实是在"论父母""论老师"。"你们可以给他们以爱,却不可给他们以思想,因为他们有自己的思想。"每个孩子都是借我们而来的独立生命,我们可以为孩子创造成长的平台,但我们不能给孩子植入那个我们想要给的思想——虽然通常父母和老师懂得要比孩子多,但这个世界上没有人懂得足够多,不是吗?

如果愚昧的父母恰巧遇到情绪化的老师，那么"孩子"这个原本的"真爱"就消失了，凸显的无疑只剩下"赠品"，说是大人们的诅咒，毫不夸张。

在电影《复制贝多芬》（Copying Beethoven）中，贝多芬（Ludwig van Beethoven）告诉作曲新手："放弃调子，放弃有头有尾的概念，让音乐活起来，不要摆出严谨的规则，挡住了音乐的流动与呼吸。"每个生命，都是音乐；每个父母，都是新手。我们都无法扮演完美的曲调弹奏者。我们需要在意的是"让音乐活起来"。假使非要尝试完美，定调子、讲框架、摆规则，所有的一切都在自以为是的执念里进行，那么，谎言、虚伪、矫情、焦虑，甚至精神崩溃，都会不期而至。

• 不被捆绑，奔赴"存在"的证据

◎挣脱束缚：告别母亲写好的剧本

看看杰西卡，再问问自己，我们是否也或多或少地曾经和她有那么些许的相像。看电影是在欣赏别人的故事，也可以是在照一面端详自己的镜子。

心理学家琳赛·吉布森（Lindsay C. Gibson）是专门研究情感不成熟父母给孩子的成长带来问题的专家，她总结了情感不成熟父母的四种基本类型：情绪型父母；驱动型父母；被动型父母；拒绝型父母。四种情感不成熟父母都有着以自我为中心、缺乏同理心的共同特点。

佩内洛普的父母，恰恰都具有"不成熟"的典型性表现。

母亲杰西卡属于驱动型，不断追求进步，专注改进，试图让一切都变得完美，让孩子的猪脸消失就是她有截止日期的管理项目，天天数着日子倒计时，但对孩子的情感需求漠不关心；同时兼具情绪型的歇斯底里与情绪化表达。

父亲则属于被动型，看起来对孩子很友善、很慈祥、很喜爱，但会默许比自己更强势的伴侣杰西卡的所有控制行为，并不会采取任何行动去保护孩子，"坏人"让母亲当，自己也成了隐藏的伪装性极强的"坏人"；同时兼具拒绝型的避而远之与敷衍性回应。

所有的父母都想插手孩子的成长，每个孩子的成长也都需要父母的帮助。可是，其间的那个合适的度是什么样子的？

很显然，像佩内洛普母亲那样满足私欲的"控制"与父亲那样与己无关的"放任"都是不可取的。

想要找到答案，可没那么简单，养育从来都是棘手而又复杂的过程。或者说，教会成长与生活的能力才是养育的本质，而不是什么显而易见的结果。

我在写下这些文字的时候，也从没试图给你一个什么冠冕堂皇的答案，而是期待唤醒你成为同路人，一起走上具有鉴别力和创造力的关于养育的艺术生涯，在复杂的逻辑与多维的交互中收获一种不预设的历程，里面充满了意义——可以像一个可爱的孩子，为每一天的到来、经历与落幕欢喜。

是时候放下用了25年的剧本，重新编一个未知的故事。

就在母亲杰西卡迫不及待地聘请贵族婚姻介绍专家旺妲为佩内洛普寻找真爱的同时，佩内洛普也开始在相亲的屡战屡败、屡败屡战中渐渐地学会了看见自己——从18岁开始相亲，到25岁依旧在相亲的路上——佩内洛普意识到，自己不能选择出生的样子，或许可以选择未来生活的样子。

就这样，一个"或许"的念头，让佩内洛普重新回到了一颗种子的状态，重新思考，重新发芽，重新生长。

一天，佩内洛普终于遵从自己内心的渴望，决定让深埋已久的种子冲出重围，走出去看看，用一场迟到了25年的离家出走来弥补整个童年与青春——她戴起围巾，推开房门，走过草坪，狂奔向外面的世界，勇敢地在街边电话亭打一通电话回家，郑重地对母亲说："我爱你。但是……再见！"

我爱你。但是……再见！

佩内洛普从此告别了母亲写好的剧本，不再依赖任何外在的精神权威，独立人格开始觉醒，开始自主地创造自己的人生。这对于 25 岁的佩内洛普来说，确实晚了一些，但总算开始了。

如果你想得到从未得到过的东西，就要去做从未做过的事情。

夜幕降临，佩内洛普坐在 FLORA 酒店一个房间的落地窗前，亲眼看看这个自己一直居住却从未见过的城市，耳边响起那个唯一没被自己的样子吓走的相亲对象强尼描述过的景象：三叶草酒吧的啤酒；街头集市有趣的小贩；在公园里，坐在长椅上，傻乎乎地写着情歌的人；还有他说过的话："我也感觉像生活在牢笼里，和你一样，不管有没有诅咒。如果我能不在乎自己的相貌和姓氏的束缚，那么，你肯定也能。佩内洛普，你真该出去走走。"

不管有没有诅咒，我们都有属于自己的牢笼——意识到牢笼存在的那个瞬间，即是牢笼打开的时刻，出去走走的路也就出现在了眼前。似乎正是这个男人的话成了佩内洛普挣脱束缚的开关，恰逢其时地给了她做回种子、重新生长的决心。

行动，远比拥有某些超凡的能力来得重要。

◎出去看看：揭开被蒙在鼓里的青春

佩内洛普很幸运，在三叶草酒吧认识了新朋友，确切地说是她这辈子结交的第一个朋友——安妮。安妮带着佩内洛普游走于整个城市，穿街过巷，大开眼界。虽是冬季，生活气息却热气腾腾地扑面而来，即便佩内洛普用长长的围巾遮住了脸，可还是挡不住这个世界的微笑、善意以及"可爱"的味道。

爱因斯坦曾问："这是个和善的宇宙吗？"佩内洛普一定很愿意回答爱因斯坦的问题，会告诉他自己正切身地体验着宇宙的和善。这是个值得我们每个人跟着佩内洛普一起思考，同时好好问问自己的重要问题——和善与否,并不是宇宙说了算。

巷角墙头的花朵吸引了佩内洛普的注意,原来是她喜欢了很久,终于得以相见的花——嚏根草(Helleborus)——她告诉朋友安妮,这是一种神奇的植物,冬天里开花,一直绽放到春天,不需要任何帮助。在电影里,这是一个深情的伏笔,也是一个美好的意象。嚏根草的"花瓣"其实只是花瓣状的花萼,而真正的花瓣早已演化成杯状的蜜腺,继续生长在萼片的根部,好像是花蕊,却存放着花蜜。

佩内洛普就像是嚏根草,被蒙在鼓里的青春如同被隐藏起来的花蜜——对此,这个世界原本一无所知——直到有一天,嚏根草的糖浆帮助人们舒缓情绪的功效显现,被记录于药典之中;直到有一天,佩内洛普的"可爱"给予了人们精神上的疗愈,被收录于传奇之中。

只要你想要做一件事,整个宇宙都会来帮你。"无法隐藏",也"无须隐藏",更加"不愿继续隐藏"的佩内洛普再次感受到宇宙的和善。

曾经的相亲对象爱德华无法接受佩内洛普的长相,并充满恶意地诋毁她,把经过杜撰的、丑陋邪恶的佩内洛普画像登报展示,他想要告诉世人的无非是这个女孩根本无法得到爱,自己不是不想当好人,而是真的做不到。不明真相的公众如爱德华所期待的,开始谴责威尔赫恩家族掩盖真相,开始厌恶青面獠牙的怪物女孩,没人在意什么诅咒,更没人在意这个女孩的无辜。

很多时候,"危机"就是"契机",就像嚏根草遇见了冬天,隐藏起花瓣,却储藏与守护了能量,在信念中绽放着,等待新年与春天的来临。

佩内洛普看着报纸上的画像,第一次迎来了要让人们认识真实的自己的念头——找到自拍机，摘掉围巾，不熟练地对准镜头，第一次拍照，第一次真诚地面对自己（显然还不太会对自己微笑），然后把照片寄给报社的一位记者（这名记者从未放弃寻找佩内洛普被诅咒的真相，就像有些大人只有给孩子贴上惊世骇俗的标签才能显示自己的智慧与精明），请他发表在第二天的报纸上，向全世界宣告自己的样子。同样的报纸，同样的版面，曾经被死过一回的佩内洛普，如今用自己的力量完成了复活。

存在，需要证据。否则，怎么能说自己活过？

重回公众视野的佩内洛普，博得了人们的关注与喜爱。爱德华为了挽回家族的声誉和推动生意的发展，决定接受父亲的建议，顺应民意——迎娶佩内洛普。这一转折让佩内洛普的母亲杰西卡喜极而泣，她一边准备婚礼，一边畅想未来生活的美好。佩内洛普为了不辜负一直付出的母亲，在强烈的思想挣扎后，还是接受了婚事，准备嫁给爱德华这个并不和善的贵族，等待诅咒的破除。

可是，当牧师问"……你愿意吗"的时候，佩内洛普再也无法抗拒自己真实的感受，回答："不愿意！"

人类最高级的情商，来自对自己的尊重，而不是讨好他人。

佩内洛普激动地对母亲说："看看我，看看我。"母亲嘴上说"我在看"，可目光和焦点却全在现场的人们身上，她关注的、在乎的是他人的目光，而从来不是自己的女儿，然后继续说："你只要结婚，就能变成全新的你。"

"不，我不想变成全新的我，我喜欢我现在的样子。"佩内洛普大声地宣布。瞬间，诅咒解除了。竟如此简单。

"我成了我自己，我一直都有这个能力。"佩内洛普恍然大悟，原来"真爱"是从自己爱自己开始的，原来"真爱"是从对自己的全然接纳开始的，原来"真爱"是不讲条件、不求完美、不被捆绑地去爱自己——这就是我。

"几年前我就能破除诅咒的，只要我尽到母亲的职责，好好地疼你。"母亲杰西卡也似乎明白了真相。看到这里，你一定以为杰西卡终于幡然醒悟，觉知了爱的真谛。不，故事还没结束。

◎成为传奇：遵循自己内心的声音

"亲爱的，我想如果你把鼻子这里再垫高一点儿，会更美。"杰西卡依旧盯着佩内洛普的鼻子不放，觉得那恢复了常态的鼻子还是不够好。佩内洛普当时的表情和你我一样，完全不敢相信母亲竟然又有了新的更高的追求。

"你真是疯了。"佩内洛普说完，愤然离去，收拾行李，准备离开这个家。

杰西卡追着佩内洛普想把话说完——"把年轻女孩打扮得更美一些，又不是什么坏事。""我在做妈妈该做的事。妈妈都希望自己的女儿漂亮些。告诉她们如何变得更漂亮，怎么我就成了坏蛋了？"……

这一幕，让我想起了电影《燃情岁月》（Legends of the Fall）中出现过的话：有些人能清楚地听见自己内心的声音，并且遵循它而活。这些人中，有的人疯了，有的人成了传奇。

杰西卡的执念并没有随着诅咒的解除回到正轨，而是惯性地继续行驶在原有的车道——这个执念从来不是解除诅咒，而是"你不够好"。不管孩子多优秀，杰西卡这样的母亲都不会满意，她永远能找到可以更好地改进的方向。而她对面的孩子呢？无疑，那个孩子要么被"我还不够好"控制成一个妄自菲薄的人，要么像佩内洛普一样勇敢地重新选择生活。

或许，你就是这样疯狂的母亲；或许，你就是这样无助的孩子。该何去何从？

作为一个有强烈"完美信念"的驱动型母亲来说，杰西卡还有很多话要说——但是，她再也发不出声音了。原来，陪伴了佩内洛普 25 年的管家杰克就是克莱拉的女巫妈妈变化而成的。女巫给杰西卡留下了一个魔法——失声——然后不说一句话地拿着包离开了这个家。

女巫妈妈，是一个可爱的女巫，更是一个自我救赎的母亲。从她离开时的表情，我们可以猜测其内心的潜台词：如果在女儿克莱拉跳崖之前，就能够赠予她"学会爱自己"的礼物，该有多好。不知道是漫长的时间让女巫放下了诅咒与怨恨，还是佩内洛普的可爱让由女巫化身而来的管家爱上这个女孩并学会了爱。

电影《真爱之吻》中并没有对女巫的世界进行完整的演绎，而是一个隐喻，没有答案，因为那是我们每个人都可以心领神会的魔法——就像确实存在的某个因为幸运才得以碰撞的平行时空，那里明明有着杰西卡这个母亲的另一种人生，一个可以在爱的法则里养育全新版本的自己。

"女巫"就是"杰西卡"，"杰西卡"就是"女巫"。"女巫"最终成为母亲，"杰西卡"还没学会长大。"杰西卡"疯了，"女巫"成了传奇。

纪伯伦在诗里说："你们的孩子，都不是你们的孩子，乃是生命为自己所渴望的儿女。"孩子，是要飞出的箭，不能止于弦上，即便他深爱着给予他能量的弓。"孩子"不该是"我们"欲望投射的复制品，"我们"不该是"孩子"飞驰人生的束缚。

"妈妈，那什么样的孩子不可爱啊？"——感谢我的儿子问我的问题，让我在自以为是的年华得到了重新的生长。在这超过 14 年的陪伴里，我很庆幸有这样一个"可爱"的小孩愿意全然地信任我、爱我、包容我、鼓励我，给了我机会——可以每天成长一点点，从一个"孩子"渐渐有了"母亲"的模样。

人类学家路易·海德在他的著作《馈赠》中，把"馈赠"的本质属性定义为流动性——"馈赠"会不断地在人与人之间传递。我们并不需要直接回报为我们提供帮助的那些人，更需要做的是保证馈赠在人群中不断传递。这是我写作的原动力，想要把孩子传递给我的能量传递给更多人，更多人再传递给更多更多的人……

我们能给出的最好的礼物不是什么物质的东西，而是有能量的尊重、信任、鼓励、赞美、支持与分享。这是一种可以习得的意念，这是一场关于颠覆观念的历险。可以相信，可以吸引，可以看见，可以传递。

电影中有一段佩内洛普的独白：我现在需要面对我自己的改变。虽然还是很想念那张造成无数麻烦的脸。整个世界都变了。我决定找到自己。我要按照我自己的方式生活，跟着我的感觉走。

佩内洛普和女巫妈妈一样，注定是传奇，她们都找到了自己，都赢得了爱，都选择了馈赠。

在电影的尾声，佩内洛普和强尼·马丁一起为学校里的孩子们讲着佩内洛普的故事，传递着他们已经拥有的爱与被爱的能量。原来强尼·马丁——那个人生导师般的相亲对象，并不是什么贵族，他是水管工的儿子，在唤醒佩内洛普的同时，也唤醒了自己灵魂的走向，回归到音乐创作的本能。心之所向，他们走到了一起。

失声的魔法，何时才能解除？这是杰西卡留给我们的谜题，解题人已经不再是杰西卡，而是我们自己。

当我们的心灵暂时蒙上了灰尘，没关系，总有一天，那灰尘会被风吹开。我们,只要——等风来。这是电影《等风来》中的台词,像极了正在人生坡道上攀登的我们,需要一个高处,也需要有风。我不知道我写下的这些文字会不会引领你抵达一个高处,但我确信会有一阵风从你的心头吹过。

爱,是一门艺术吗?答案是肯定的,因为爱的目的,不是简单的真实,而是复杂的美,就像其他任何一种艺术一样,都离不开核心信念、表达使命、灵魂张力、隐喻意象、吸引原则、呈现载体,等等。无从简单;无从简化;无从简约——没有哪个爱的轮廓可以简化为一目了然的结构与方法;没有哪个爱的步骤可以省略为简化的公式与算法;没有哪个爱的细节可以肤浅地被定义为简约的不详与忽略。爱,"繁琐"亦"烦琐",解锁过程本身即艺术,一场足够深远的美学,需要用一生去创造。

认知练习

欣赏探询

一

请学会欣赏孩子和自己

[准备] 在想要批评、数落与抱怨的时刻,尝试停下来。然后全心全意地思考,刚刚的自己或者孩子有哪些行为值得从正面去重新审视,相信差异即优势。

[尝试] 之所以用"尝试",因为真的有很多人很难做到"赞赏"孩子,甚至自己。如果你还做不到即兴发挥,那就先刻意练习。

1.你欣赏自己的哪些特质?即便实在想不出来,编也要编出几条，总能想到自己很想得到的吧，那就先认定自己有这个潜能。

2.你欣赏孩子的哪些特质？还是同样的，即便实在想不出来，编也要编出几条，总能想到你期待孩子拥有的吧，那就先认定了孩子有这个潜能。

所有的一切都会在我们的信念中发生。

6

逆风翻盘：写一页赋有信念的故事

"在这个以创新为动力的世界里，最重要的不是你知道什么，而是你会利用你知道的东西做什么。"

• 命名故事，启动"拥有"思维

◎水平思考："接纳"与"改变"

"图雷特综合征"是什么？很显然，这不是常识。

你不知道，我不知道，很多人不知道。于是，有人会理所当然地接受一个不知道的自己，接受的原因很简单，因为很多人不知道，所以我可以不知道。这个理由听起来似乎非常合情合理，除了一种例外，那就是它是你身体的一部分，你无法做到不以为意，你也无法佯装毫不在乎。

对于一个名叫奈娜·马瑟的印度女孩来说，图雷特综合征就是这样的存在，会时不时地发出"嗝嗝"声，是一种源于大脑神经系统错乱带来的抽搐表现，完全不受控制，无药可治，无人可医，就连很多医生都不知道这种疾病的存在，非常罕见。

我们来做一个大胆的假设，假设你的小孩得了这种罕见的病症，没有其他的障碍，但就是时不时响亮地打嗝，你会如何面对，又会如何思考，会做些什么，对这个特别的孩子？

可能你会在心里默念："哪来的那么多假设，生活就是生活，我的小孩好好的，老老实实过日子好了，别想那么多有的没的。"

可我真的很想说，生活从来不按常理出牌，我们无法照着设计好的路线精准地步步为营。我们需要太多的见识，所以会有以史为鉴的谋略者；我们需要太多的视野，所以会有行走世界的游学者；

我们需要太多的智慧，所以会有拜师修行的虔诚者；我们同样的，需要更多种人生的假设，才能读懂他人，才能更加读懂我们自己，成为超越者。

超越的不是他人，是自己。

我常常在电影里实现这样的假设，用一场电影的时间体验他人的别样人生，拓展与丰盈自己的认知系统，就像遇见世界上的另一个自己，将此刻的自己放置进另一个世界，真实到可以从原本的一辈子活成几辈子，只要我们足够投入、足够理解、足够接纳、足够尊重，还有足够多的思量与在现实中投射般的学以致用。

奈娜·马瑟就是个值得投入的角色，不仅在电影《嗝嗝老师》（Hichki）中，还可以移情到我们现实的生活，因为这本就是大千世界中生命与生活的真实写照，只是我们的见识、视野、智慧等都在限制着我们的思考范围。

奈娜的家人，和我们不同，他们面对的不是假设，是生活。不理解这种无法控制的抽搐声的人中，不仅有邻居、老师、同学，还有奈娜的父亲。奈娜的父亲始终无法接受自己的孩子病了这件事，而是以全副武装的姿态认为那只是女儿从小养成的坏习惯，是明明可以控制却偏偏选择捣乱的调皮表现。

之所以说奈娜的父亲是全副武装的姿态，是因为这样的不承认、不接受的行为里藏着潜意识的深层需求，不惜伪造扭曲现实的解释，以保持内在自我的和谐统一，以防止自己受到伤害。

在心理学中，这样的情况被称为"自我防御"。奈娜的父亲为了逃避精神上的痛苦、不安，为了维护自我内心的安宁，无意识地激活了防御机制的启动，却为此付出了惨痛的代价，失去了孩子对父亲的信任与期待，也失去了给予妻子和儿女都想要的来自父亲的安全感的能力。

我常会遇到像奈娜父亲这样的父母或抚养者，他们无法承认孩子存在某方面的障碍，即便几次去医院做了检查也不能接受现实，不仅对孩子隐瞒检查报告和医嘱的真实内容，还要跟自己的孩子说："那些药都没啥用，不用吃。你很正常，根本就不需要治疗。"当你对孩子说"你根本没病"的时候，是对孩子最大的不接纳，也是对孩子最严重的伤害。

每个孩子都能读懂父母行为背后的潜台词，他们非常清楚你正在输出的信息内涵是什么，哪怕你以为自己掩饰得天衣无缝，但还是会被其发现你内心的恐惧与不安。

没有自我安全感的大人，又如何有能量去给予孩子安全感呢？孩子可能意识不到这样一句话，但孩子会下意识地做出选择，这个选择可能是想要面对你的焦虑，也可能是不想面对你的回避。

图雷特综合征无法消失，已经是奈娜身体的一部分。我们需要了解的是，当自己、他人、资源和技术都无计可施的时候，那就是时候要选择接纳了，这是一种在当下不得不去正视的"不可改变型"的事实。

"改变你不能接受的；接受你不能改变的。"这两句话必须放在一起同时使用，方得要领。

这个不可改变型的事实，我们必须学会接纳，但接纳的只是图雷特综合征已经存在的这个事实；同时，我们还必须学会改变，改变的是在这个事实存在的情况下，我们还可以做些什么，还有哪些可以改变的元素，如何让自己对自己更加满意，让自己对生命和生活更有掌控感，甚至创造新的影响力。

将这两句话简洁地翻译过来，同时又能消除误解和歧义的话，可能这样说会比较合适：改变你不能接受的情绪、心态、能力、环境、成就与意义；接受你无法消除的已经存在的事实，但绝不是

"我只能这样了",而是"我还有哪些改变的可能",并付出行动,直到改变的发生。

◎反向思考:"理解"与"尊重"

幸运的是,奈娜的母亲给出了一种完全不同于父亲的回应。她知道,哪些事实是必须学会接受的,哪些境况是必须努力改变的。奈娜学会了这一切,在母亲和弟弟的鼓励下,走进了学校,接受每个孩子都有权接受的教育。

可是,在学校里遭受老师和同学的厌烦、嫌弃与嘲笑,合情合理地成了奈娜的日常,因为没有人能够接纳奈娜的"嗝嗝"声,就连奈娜的父亲也觉得自己的女儿"整天像狗一样叫",非常地丢脸。校长亲自发出了"无理由休学通知书"。此后,奈娜辗转12所学校,均以被校方劝退告终。

每个人的成长,都需要环境的支持。可奈娜所处的环境里,除了母亲和弟弟,是没有其他支持力量的——理解奈娜拥有一种"不受控制的声音"本身就存在沟通的障碍,连理解都无法做到,也就无从接纳。更糟糕的是,不理解的时候可以先选择尊重的品格,但人们并没有习得。

还好,奈娜并没有因为人们的不理解而放弃自己成长的方式,她继续申请了第13所学校——圣诺特克斯中学。在圣诺特克斯中学,奈娜依旧不停地打嗝,依旧被老师和同学嘲笑,但不同的是这里有一位可汗校长。可汗校长觉察到奈娜所处的环境后,做出了一个决定,邀请奈娜出席学校的音乐会,并在她几次"嗝嗝"地打断活动后请她走上舞台,用平常的语气问了她一连串的问题,"你叫什么名字?""刚才的声音是你发出的吗?""你可以控制它吗?""什么是图雷特综合征?""你需要我们给予什么帮助吗?"

最后,奈娜坦然且坚定地回答:"我不需要任何帮助,只要让我和其他同学一样就行了。"那一刻,在场的师生和家长们都从不理解的自我中悄然升华,由衷地为奈娜和奈娜的图雷特综合征致以掌声和敬意。

因为可汗校长的行为,所有人都习得了那个曾经丢失的品格:"理解"与"尊重"。

我们常常质疑意料之外的人事物,会脱口而出的话是"为什么会这样?"没有说出口的潜意识是"我只想接受我知道的""你这个例外让我极其不舒服""我要维持原有的样子"……于是,在音乐会的台上台下,投向奈娜的眼神里都写满了这样的话,不必说出口,却已经刺伤了一个女孩的自尊。

可汗校长看懂了这一切,这个女孩没有错,有错的是我们对待他人的观点,那些观点里充满了"这个女孩太没礼貌了""好好的音乐会都被她毁了"的负性的经验假设与核心信念。可汗校长没有据理力争地指责谁,也没有高高在上地教导谁,而是用行为选择了教育环境重塑的一种可能,他不动声色地开创着更有价值的路,影响每个学生、每个老师、每个家长以及整个社会的群体意识倾向,去惯常性、去标准化、去无所谓,谁说课堂上、音乐会上、操场上……我们的教育生活里,就不能有"嗝嗝"的声音呢?

这"嗝嗝"声和我们任何人的独有特性没有什么两样,只是我们常常在趋之若鹜与理所当然的逻辑里自以为是与怨天尤人地宣布何为正常、何为胡闹,不懂得情何以堪,不晓得礼义廉耻。

要想摆脱这样的愚昧状况,需要我们对问题进行一种反向思考——当我们的认知逻辑和摆在面前的事实有一定差距时,不要急着问"为什么要这样?""为什么会这样?""为什么是这样?"而要练习学会问问自己"为什么不会是这样呢?"为什么不可以有另一种可能? 人生,不止于一种定义。

教育,有太多的可为。别问"为什么这样?"而要问"为什么不可以这样?"

教育的变革,可以轰轰烈烈,可以悄然生发,可以"嗝嗝"入耳。在圣诺特克斯中学的那场平常的音乐会上,所有人共同完成了一堂不平常的"嗝嗝"认知课,可汗校长是负责提出问题的引领者,学生奈娜是以亲身经历传授知识的讲述者,在场的每个人都接收到新知,学会了理解、尊重,还给予鼓励的掌声、温暖的微笑。那一刻,奈娜的"嗝嗝"声不再是格格不入的标签,而是成为众所周知的"奈娜的样子",可以平常,可以接纳,可以习惯。

你拥有属于你的"嗝嗝"吗? 你的孩子有吗?

◎升维思考:"老师"与"导师"

我们的字典、词典每年都会慎重地收录新词汇、调整新语音、增补新含义,每个版本都为语言体系的发展做真实的记录。可汗校长也同样庄重地将"图雷特综合征""奈娜·玛瑟""嗝嗝",还有"尊重""理解""接纳""生命""成长"收录到了教育体系中,这是一种贡献,更是一种引导,充满了积极的意义。

你的教育字典里,收录了哪些核心观念,也在进行实时更新吗,你的更新有没有跟上孩子的成长?

我们需要走出去观世界,但说的绝不仅仅是脚力,而是在更多的新事物冲击下时时重组思维的逻辑——突破自己的认知圈。要知道,即便是一部权威的字典也需要修订新意义,才能更切合真实的世界。

奈娜与她的图雷特综合征都是真实的世界，我们不能视而不见。这个真实的世界，或许我们永远无法真正地到达，但我们可以用选择看见的心态，我们可以用层层认知的勇气、决心与毅力，每天扩容一点点，一以贯之，无限地去靠近——这才是真正的成长，不管之前的你有没有意识到这一点。

此刻，开始思考，都不晚。

可汗校长带领全校教师、学生、家长，还有在另一个时空的我们，共同翻越了"无知"的屏障，去选择看见一种叫作奈娜的人生，去选择传递一种叫作"图雷特综合征"的能量，去选择一种让阳光照进裂隙的爱与温暖，有掌控感的心平气和，有自豪感的海纳百川，有成就感的彼此庆祝。

奈娜说，那是她一生中最重要的一课，是可汗校长教会了自己："普通的老师只会教书，优秀的老师教你做人。而伟大的老师，会让你知道教师的真谛。还有一些老师，会给我们深深的启迪，开创我们的人生。对我来说，可汗校长就是这样的老师。"

我们似乎越来越接受"父母是孩子最好的老师"这个观点。可是知道了之后呢，你有没有做到？如果你已经做到了，那么对应奈娜总结的"老师的样子"，你正处在怎样的阶段，是"普通""优秀""伟大"，还是已经做到给孩子以"深深的启迪"？

我们每个人都有属于自己的无法抗拒的"图雷特综合征"，可能是一降生就注定的贫穷，可能是基因里早就隐藏的疾病，可能是你怎么努力都做不到大声讲话的内向，可能是你无法回溯与重建的亲情，可能是你的结巴、你的好动；你总是太过热情，你看起来冷漠；你眼盲耳聋，你没手抑或没脚；你的大面积烫伤，你长得不是地方的巨型胎记……诸如此类，会引起你不适与他人不适的那个属于你的特征,你曾经是如何对待的?接下来,你会怎么做?

或许,从现在开始,我们都能向那个叫奈娜的女孩学习,大声地宣告:我拥有"图雷特综合征",善待自己;或许,从此刻开始,我们都能向那个叫可汗的校长致敬,默默地尊重、理解和支持,善待他人,特别是我们的孩子。

大脑和神经做不到的事,爱可以。

• 宣告故事,释放"天赋"潜能

◎从"希望"到"野心"

人生从来不是从生到死的直线距离,而是可以自我内建设与再创造的复杂体验,一段接着一段,抑或几段平行开展,抑或分不清理还乱地穿插与交错,没有终点,只有叠加效果——你想叠加成什么样子?全凭你的意愿!还有你融会贯通的技能。

奈娜·玛瑟知道自己要成为怎样的自己——她的梦想,是成为一名老师,成为可汗校长那样的人。

奈娜顺利地完成了学业,携着教育双学士、理科硕士以及丰富的社会实践的优秀履历,开始了找寻教师工作的历程,这一找竟是5年。在此期间,她应聘过18所学校——其中也包括她的母校圣诺特克斯中学,这所曾给过她人生最大转折与鼓励的学校就曾应聘过5次——均遭到拒绝。对于奈娜周围的人来说,奈娜活在梦里,而非现实中,成为老师是根本不可能实现的野心,没有任何希望。

确实,"希望"和"野心"是有差别的。"希望"是你已经可以看见可能或者通过一些迹象可以联想到可能的可能,那是有"希望"的梦想;而"野心"则是什么都看不到,连一丝希望的苗头都没有,找不到任何蛛丝马迹,却依旧砥砺前行的信念。

即便全世界都在唱衰、反对与不解,奈娜仍相信改变是一种可能,并付出了5年的行动,是"野心"无疑。奈娜心中的"野心"

与他人描述的完全不同，因为那里面藏着一定要实现的使命和信念。

奈娜和支持她的母亲、弟弟都清楚地相信奈娜是一个造梦师，正行走在实现自己梦想的路上，真实得掷地有声。其实，不仅仅是相信，更是对梦想的笃定，对实现梦想付出追求的信仰，哪怕太多的人都还看不懂，哪怕有 18 次被拒的失落与无奈，不要紧，只要先做到可以尝试的那部分，每个一小步都是一次宣告，都是重大的成就，累加下去，必定会生出"被看见"的能量。

◎从"偏见"到"看见"

奈娜终于用 5 年的执着等到了母校圣诺特克斯中学的录用通知。学校请奈娜负责 9F 班的教学工作，一个全校成绩最差的班级。接受这个班级则意味着需要面对非同寻常的体验。奈娜认为自己无论如何都要接下这份工作，再有挑战也总不会比被 18 所学校拒绝自己更艰难。

可是，这个班级的学生不仅成绩差，还有复杂的家庭环境，以及对这个世界充满敌意的对抗情绪，是一群前后折腾走了 7 位老师的边缘少年。教师同行也都不看好奈娜的努力，甚至进行挖苦和排挤。

最不堪的是，即便奈娜不停地努力，误解与偏见还是接踵而至，迎来的依旧是失败的结果。她心痛、不平、沮丧，泪如泉涌，捶胸顿足，"嗝嗝"不断，连灵魂都跟着抽搐得难以自持——奈娜曾在最无助的时刻选择了放弃，虽然还有太多的不甘心。

然而，天还是亮了，就在承受了极限之后，像翻越了这个世界上最高的山脊，虽然还有些缺氧式的体力不支，但她终于豁然开朗。

最叛逆的学生夏姆拉举着自己的笔记本，对她说："老师，这是我的一页，我的害怕都在这里。可是，我的纸飞机迷失了方向。您告诉我们北极星就在那里，指引着来往的船只。我不知道天上有什么，我不了解天文。可您就是北极星，在这个地球上，您就是照亮我们的灯塔。"

曾最不看好奈娜和 9F 班学生的 9A 班老师，公开道歉："我年轻的时候，认为当老师是最困难的事。可是，通过二十年的教书生涯，我现在意识到，其实还有比做一名老师更困难的事，就是做学生。如果出现失误，学生就会因此丢分。但老师教错了，却从来不会因此失去分数。教书很简单，学习才很困难。我们都想教育别人一些东西。我之前也打算教训一下 9F 班，因为我认为他们不配在这里读书。你们知道那有多容易吗？容易到我只需把错的考试题目泄露给夏姆拉而已。那样，9F 班所有人得知的就是错误答案，最后考试不合格。不是因为他们是失败者，而是因为我想让他们成为失败者。"

说出这番话，是需要勇气和智慧的——题目并不是这位老师透露的，而是他一直引以为傲的 9A 班学生中的佼佼者。他领悟到奈娜教育理念的真谛——"没有差学生，只有差老师。"错在自己传达了偏见信息给自己的学生，而自己却曾经浑然不知。

在我们的世界里，有多少孩子因为偏见而迷失了航向，他们的北极星又在哪里？在学校，在家庭，还是在社会？当然，都在。

只是我们如同那个 9A 班的老师一样，曾浑然不知——我们每一个人都是一颗北极星，都有可能成为他人人生航向的指引者。更重要的是我们需要了解到我们的重要，了解到我们的珍贵，了解到我们是那么的值得被爱与赞美。特别是我们的孩子，正满眼期待地等着我们拥有更强大、更温暖的能量。有多少人面对的偏见不是来自他人，而是来自最内在的那个自己？当你放下卑微，认真看见自己的存在，这个世界便会回应你闪耀的光辉。

奈娜老师清楚自己的优势、知识、技能，同样知道自己要利用这些能力做些什么。正如我们期待的，奈娜老师带领 14 名边缘学生逆风翻盘，看见真实的自己，发挥潜在的优势、团结互助的能量，获得优异的成绩、比赛的大奖、同事的尊敬，还有，奈娜转正了，她梦想的教师生涯真正开启，就像当年的可汗校长一样，给人们带来深深的启迪，以开创新的人生——关于她的学生，她的同事，她的家人，还有她自己。

◎ 从"知识"到"力量"

教育的目的究竟是什么？答案很简单：改变世界。

如今的世界，已不再是之前的世界。未来的世界，也不可能是现在可以想象的世界。

在《为孩子重塑教育》这本书里，作者托尼·瓦格纳（Tony Wagner）提出："在这个以创新为动力的世界里，最重要的不是你知道什么，而是你会利用你知道的东西做什么。"这句话也正是我想表达的观点。

我们不是要把我们的孩子培养成只懂得接收信息的、听话的极速终端存储器，在需要使用时被动地插拔自由；我们也不是要他们成为记住各学科教学大纲与教师备课笔记的 100% 大容量档案袋，在应对考试和晋升时万无一失；我们需要做的是，让我们的孩子成为有能力利用此刻世界已有的知识，并有丰盈的能力去开创新世界的智者。

看了上面的话，很多人一定想对我说"这些我都懂""我非常认同"。可是，调转画面，当你面对正在书桌前学习的孩子时，养育行为却常常与养育理想存在巨大的偏差——关于关注孩子学习这件事，可以做这样的一个假设：我们时刻注视着孩子读过的所有书本、所有翻开过的书页，当一个时机来临时，孩子能够选取适当的那页，然后对着世界大声朗读出来。于是，我们会认为，这个孩子学习水平很高，这个孩子被教育得不错。可是，这样的孩子真的能改变世界吗？

奈娜曾在物理课上对学生说："当我们给一个物体施加外力的时候，这个物体就会得到一个初速度。"奈娜之所以可以拥有给学生成长力的能量，那是因为之前有人给过她一个人生的"初速度"——自尊、自信、乐观、阳光、积极、温暖——可汗校长给了奈娜一个外力，奈娜得到了一个成为像可汗校长那样的人的初心。信念从0到1，生发，成长，茁壮，没人能阻挡奈娜在成为教师之路上奔跑。

教育的理想，不是知识，而是力量。奈娜的样子，就是教育理想实现了的样子，是一种力量。

此刻，你再想想，你给过自己的孩子什么样的"初速度"吗？你的孩子拥有关于人生的信念与方向吗？你了解你的孩子想要活出怎样的人生吗？

提问还没有结束，我想我应该继续做这样的追问：请问，关于孩子的生命意义感，是你还不了解，或者还没有机会了解，还是你的孩子根本就没有？那么，你自己呢？如果说想给他人一个关于生命意义之"初速度"的前提是需要自己先拥有这种力量，那么，你又拥有了几分？你曾跟你的孩子分享过自己的使命感、意义感吗？你曾在内心翻滚起那样的热浪，激动地对自己说"这就是我生命的意义"吗？还有，请问，你的"某某某的样子"是一种力量吗？

如果，你还不能在五秒钟之内脱口说出一个自己十分笃定的答案，那么，我想说：恭喜你，是时候滋长写一页故事的野心了。

"蠢蠢欲动"是我想送给你的礼物，不是要你与谁为敌，而是准备好与自己的思维交锋。这将是一场智慧诞生的大型拼杀现场，惨烈是一种必然，反思将是你最强大的武器。智慧的诞生来源于思维，思维的逻辑来源于信念，信念的确认来源于使命。至于幸福感，是这一切过程的衍生品，不需要追逐，会自然而然地实现。

奈娜成为"改变世界"的人——优秀的教师，伟大的校长，给人们以深深启迪的教育者，她活出了那个自己想要的人生。奈娜在退休之际回忆自己 25 年的教育者生涯时说：

课本里的公式不会改变，但孩子们的公式却可以发生变化，甚至还有些新的公式出现。像我一样，每个人都与自己的"图雷特综合征"成为朋友。"图雷特综合征"是什么？是抽搐吗？还是我们对待人生的看法？当然，这事关乎我如何思考——因为"为什么"与"为什么不"之间的区别，就只是打个嗝而已。

"图雷特综合征是什么？是抽搐吗？还是我们对待人生的看法？"接纳自己，才是真正的开始。不管你有多少"图雷特综合征"，都只是"打个嗝"而已，试着和它成为朋友，不是责怪自己"为什么这样"，而是问问自己"为什么不能这样"。

我们可以发现自己的天赋，培养自己的优势，追求自己的理想，实现自己的样子。你可能会说，哪有那么容易，不是谁都能遇到一个可以指引人生的好老师。你说得没错，我非常认同——这里讨论的并不是如何寻找到外力，而是如何寻找到自己。因为外力不是用来寻找的，而是靠你全心投入的样子吸引而来的。

因此，我们需要明白的是，我们首先要遇见的是我们自己，而不是他人。如果，你正强烈地认为自己的孩子没有遇到好老师，非常不幸的话，那么契机来了——做一颗北极星，成为孩子最好的导师，非你莫属。

• 追求故事,激发"优势"人生

◎写下"自己的一页"

你想成为孩子最好的导师吗?

"我想"这种回答会不会让你在正要脱口而出的瞬间却欲言又止地停滞,此刻会有多少人正在舌头打结、内心凌乱?这个看似简单的问题,对于我们每个父母来说,都并不那么容易回答。我们当然想成为孩子最好的导师,这种想法是非常肯定的。

但,我们总会在这个简单的问题之后继续问自己下一个问题:

你会成为孩子最好的导师吗?

"想"与"会"是存在巨大差异的——"想"只需要心里期待一下就完成了,可是"会"则代表你已经做出承诺,或者已经付出了行动,甚至已经取得了成就。"会"让我们有压力,生怕在现实里辜负了这种承诺背后的为人父母的责任,"想到而不做到"——可能是我们无法接受的自己,也可能是"何苦自己为难自己"的懒惰。

或许,你还有另外的难言之隐——你的孩子可能在你的眼里有些缺陷、有些糟糕、有些冥顽不灵的一无是处,正处于无可救药形态;你对教育无奈、无力、不知所措、无能为力,正处于能量消耗殆尽、情绪常常触底却又无法反弹的暗黑模式。

每个父母都是一座灯塔,守护着孩子出发抑或回归的路。可即便是最有安全感的灯塔,也有不亮、坏了的时候,需要我们学会自我接纳、修复，来取代默默叹息的回避。

在"想"与"会"的维度里，不仅包含着我们成为孩子最好的老师的责任，还深藏着我们成为自己最好的导师的探索与成长。

奈娜和我们一样，甚至比我们遇到的境况还要糟糕，别忘了我们应对的只是一两个或者两三个孩子，而奈娜需要应对的是十几个，而且是每一个都在挑战其教育能力极限的十几个。

这些孩子虽然生活在社会最底层的贫民窟家庭，但他们的智力却并不低人一等，甚至要更加聪慧——可是，有一样财富是他们欠缺的，那就是对自己的接纳、对他人的信任，还有对未来生活能变美好的信念。

不管是他们圈子里的人们，还是不同社会阶层的人们，还有学校里的老师们与同学们，都无一例外地向这帮生而贫穷的孩子们不负责任地传递着这样的信息——你们无论做出怎样的努力，这个世界都不会高看你一眼，因为你们注定了一辈子逃不出贫穷的桎梏。

"贫穷"是什么？到底什么是"贫穷"？是与金钱有关的物质吗？还是，与思想有关的精神以及信念？

电影中的奈娜看懂了"贫穷"的底层逻辑，她为了让学生们找回自信，用心设计了一次团体心理辅导，这是她为教育突围做出的重要投入。

第一步，识别天赋。

她向一个叫拉芬德的学生提问："你能以很快的速度算出复杂的算术题，比计算器还快得多。你的数学，却总不及格。不奇怪吗？""你很有天赋，要学会利用它。如果想用赌博养家糊口，就要找到合法的途径。不是在街边聚赌，而是要瞄准世界最高级别的赌场——股票市场。说不定你还有机会成为一个投资银行家。""但是现在，你要为此做好准备，你要学习。"

这时,其他同学问奈娜老师:"有天赋的人是少数,自己没有这么明显的天赋该怎么办?"奈娜老师列举每个学生所擅长的事,然后说:"你们每个人都有各自擅长的领域。但是,有一件事你们所有人都擅长。你们知道是什么吗?"学生们面面相觑,根本想不到有什么大家都擅长的事。奈娜看着每个人的眼睛,一字一字地说:"怨天尤人"。

我们的幸福,取决于我们关注的东西。可是,如果我们关注的是我们没有的东西,那么,无论我们拥有什么都将是痛苦的。不是美好的东西不存在,而是我们从来都看不见。问题,不在于你从哪里来,而在于你要到哪里去的愿景有没有。

第二步,澄清问题。

既然"物质层"没有问题,那么"精神层"的探索就是必经之路。奈娜老师心理辅导的第二个步骤,是带领学生们做一项练习。引导语是这样的:打开你们笔记本的最后一页,花 10 分钟,想一想,你身上最让你害怕和讨厌的方面,写下来。

德国剧作家贝尔托·布莱希特(Bertolt Brecht)曾说:"当世界上的某些事情看起来非常显而易见的时候,也就意味着我们已经放弃了去了解它的所有尝试。"

奈娜带领孩子们去看见了习以为常的自己、显而易见的自己、害怕改变的自己、恐惧挑战的自己——写下来,不是要沉浸于痛苦,而是要化作关于情绪表达的力量,是对自己理解、接纳与疗愈的方法。

在心理学治疗技术中,"表达性书写"是一项对提高身心水平非常有效的项目,不是简单地写日记,而是用一定的方法书写自己不愉快的经历。其实,在教育中,"表达性书写"也可以成为提升学习和健康的良好工具。

书写本身就是对问题的澄清，当你了解了自己的终极思维挑战是什么的时候，治愈已经完成了大半，接下来就是思考为了解决问题需要做些什么了，往往会让当事人发现一件事，那就是我们每个人都有自己解决自己的问题的能力。

第三步，接纳自己。

奈娜告诉孩子们："你们的人生故事，到目前为止，都卡在这页纸上。你们的恐惧，都在这页纸上。但是如果你们勇于面对这些恐惧，这个真相就能托着你们飞翔。"奈娜带领孩子们站在学校建筑的制高点举行纸飞机飞翔仪式，从廊桥上放飞写满恐惧、害怕与怨天尤人的纸飞机，并告诉孩子们："从今天开始，恐惧将化成力量，而非弱点。放飞它们，和它们一起飞翔。"

的确，从放飞的这一刻开始，一切都变得不确定，风、雨、彩虹、云朵、流星……随时随地处于不确定之中，但只有这样，才是"自由"，才是"勇敢"，才是"野心"。

此刻，放飞了纸飞机的每个人都为自己的灵魂与思维"打破常规"——重塑生命的世界，重建生活的模样，写下平凡中也可以闪着光的有意义的快乐，写下赋有野心的崭新一页、可以品味的一页，一页一页累加下去，成为值得代际流传的故事，成为有持续影响力的传奇。

奈娜老师到底做对了什么？

◎重拾"天赋的自由"

打破思维的固有惯性，告别眼前的理所应当，这架被奈娜老师施了魔法的纸飞机，足以唤醒所有人的自尊、信念、梦想，还有爱与善意的本能。

我们的视野空间决定了我们的行为范畴，我们的觉知高度反映着我们的思维习惯。活出怎样的自己，全凭你为了那样的自己投入了多少的时间和精力，从来没有捷径。保持警觉与敏感，确定成长方向的同时，懂得尊重实时出现的变量；保持独立自我的同时，懂得累积重要他人的力量。

你曾把自己对生活的抱怨写下来折进纸飞机，找到制高点放飞它吗？眼前的世界并非真的理所当然，那是生活留给懒惰者的障眼法，与其说"只能这样"，还不如说你"害怕改变"，连折一架纸飞机的勇气都没有，何谈飞翔。听说过那句话吗？种一棵树的最好契机是 25 年前，其次，就是今天。如果你还没有飞翔过，那今天就是最好的日期，将你的纸飞机搁在手心，不是捏紧了不放，而是给它一个漂亮的托举，向着你内心的方向，张开手送出一段自由的抛物线，在风里，保持微笑，遇见最好的自己。

奈娜的父亲在"奈娜的样子"这种力量的影响下，也终于"写下自己的一页"，站在女儿的面前说出了自己曾经的恐惧，泪流满面地唤醒着自己爱与被爱的能力，同时赢得了女儿深情拥抱的回应，学会了成长。

我自己也常常告诉儿子"感谢你，让我在自以为是的年华得到了重新的生长"，是发自内心的感恩，绝不掺杂任何的矫情。

怎样的自己才是最好的自己？让天赋自由。

著名教育家肯·罗宾逊（Ken Robinson）在他的著作《让天赋自由：如何用激情改变你的世界》中写过这样的话："我坚信我们人类生来都具有超强的潜能，但随着我们在现实世界中生活阅历的增长，我们逐渐失去了许多潜能，并且很具有讽刺意味的是，导致这一结果的主要原因之一就是教育。"

电影《嗝嗝老师》中的 14 个边缘孩子都有自己的优势领域，

我们可以在电影中看到他们重拾自信的魅力：有人因学习能力强大而获得年级考试第一名；有人因擅长工程设计能够用自行车零件搭建赢得比赛的科技作品；有人在物理学领域有优秀的领悟力与实践力；有人拥有天生就充满了的诚信、正直与公平的品格；也有人总是因为集体利益付出自己的所有而收获了成就感……但是学校里传统的教育者们却不屑于相信他们也有优秀的一面——用9A班老师的话来说非常地贴切："不是因为他们是失败者，而是因为我想让他们成为失败者。"

这就是最可怕的教育，可怕之处在于，这甚至都不是一种恶意，而是一种习惯。

在康德的美学意识里，有这样的观点：生活模仿艺术，生活事实上是镜子，而艺术却是现实的。

当我们透过电影的镜头反观我们生活里的故事，就可以深刻地领悟康德的美学——我们从来都是那么的不真实，不是我们从来都不存在，而是我们从来都看不见。我们看不见孩子努力投入的瞬间，我们看不见孩子善意谦逊的品格，我们看不见孩子自尊守护的庄重，我们看不见孩子对爱与美欣赏的目光……我们同样地看不见自己拥有赞赏的资本，看不见自己拥有理性的大脑，看不见自己拥有解题的智慧，看不见自己拥有改变的可能、成长的觉醒、探寻的意义，还有最珍贵的爱与被爱的能力及使命。

有天晚上，我的儿子牛牛看到老师在群里发布名单、邀请部分同学进入"乘风破浪加油组"辅导群时，皱着眉头对我说："妈妈，你说，什么是教育的本质？难道不应该是让每个孩子都能茁壮成长吗？我理解的教育的本质是看见每个孩子的美好，当他们表现出一点'小好'的时候，老师就要给予他们'大表扬'，让他们了解自己是有美好的一面的，是值得被赞赏的，慢慢地他们就真的优秀了。那些成绩总是在班级中等的同学，既没有机会上榜，也不会被老师关注，他们就像是透明的，你说他们在吧，好像又感觉不到他们在。就算是上榜的同学，老师也只是看成绩，这些孩子到底哪里优秀，可能老师们并不知道。一个人的优秀不被鼓励，你说他能变得更优秀吗？优秀的地方得不到鼓励，努力的地方得不到表扬。就像是花，那些开得很好的花，老师还在不停给肥料，其实他们需要的是阳光或者雨露；那些开得不好的花，老师却不给肥料，可开得不好才更加需要多多施肥，让他们长得更好啊，不是吗？"

这确实让人困惑，特别会让注重思维逻辑的人困惑，牛牛位列其中，我这个曾经的中学教师也一样。

"教育的本质是什么？难道不是让每个孩子都茁壮成长吗？"我想是的，教育的本质应该是让每个孩子茁壮成长。牛牛之所以发问，是因为现实与本质大相径庭。能够独立思考的人，才能成为真正独立的人。我很感谢我的小孩带给我的光，让我更加确信每个父母都需要意识到学校教育有很多做不到的事，是我们必须去做到的。

习惯，可以在我们的意识之外出现，也可以被刻意地替换或修改。当我们选择看见，用新习惯代替旧习惯，一切问题都可以迎刃而解。这里说的习惯，强调的不是显性的行为，而是内隐的思维——大脑神经在不经意的练习后形成的可以循环往复的回路，一遇到某个暗示开关，你就会自然而然地启动的那个自己。能够帮助我们重塑神经回路、重构大脑认知的基础是意愿，而且需要有强烈的意愿，然后是觉察。当你可以敏锐地捕捉自己习惯回路的每个环节的时候，你就拥有了有意识的觉知，那么改变就成了一个并不那么难的事情，只要付出时间和精力进行刻意的练习即可。

奈娜给教育带来了新习惯：看见孩子们的天赋潜能，尊重他们的兴趣爱好，托举他们的人生与梦想。与其说奈娜给了孩子们一个信任的外力，还不如说给了他们拾起自尊的内功——从看见自己的潜能开始，找到属于自己的路，进阶成功的里程碑，一步步长成真正的自己的样子。如同盖洛普公司的唐·克利夫顿教授留给我们的名言："如果我们学会发现自己的天赋，我们就会知道要寻找什么、发展什么、认可什么和庆祝什么。"

那个需要我们找回来的天赋到底是什么？

答案是，人们与生俱来的，每个人都独一无二的——本能。

那又需要如何做才能找到它呢？

答案是，换一个从惯常行为中脱颖而出的角度——回路视角。

◎运用"回路视角"

对于电影中那个在贫民窟街头逢赌必赢的拉芬德来说，赌博是他的天赋吗？当然不是。这只是我们的惯常视角带给我们的理所当然的认知误区。

拉芬德真正的天赋是"赢"背后的那个"为什么会赢"的能力，而"赢"只是其天赋显现的一种行为结果。行为和结果可以有很多种形式，本能却非常稳定地存在着。

在《让天赋自由》中，"天赋"是这样被定义的：天赋，是对某种事情的一种本能，拥有某种天赋的人对于这种事情究竟是什么、如何运行以及如何做好，有一种超乎寻常的直觉和领悟能力。拉芬德就有着复杂数学运算的突出智能，刚好遇到赌博这个能够展现他超凡能力的活动，同时又能赚钱贴补家用，让自己非常有成就感、价值感，每次赢钱后都会让他期待再来一次，于是养成了赌博的习惯。

美国《自然神经科学》总编辑桑德拉·阿模特（Sandra Aamodt），在她的著作《大脑开窍手册》中阐述过一个概念，即"报偿效应"：大脑除了对变动、新的信息有反应外，在大脑许多部位中，都有专门对"有报偿"的事件作出反应的神经元。"报偿"与主观的愉悦感有关，是指令人感觉满足的刺激，并且让人更愿意重复去做导致报偿实现的行为。人和其他动物一样，很愿意为了报偿而工作。

也就是说，"感觉良好"是一种奖励，能够刺激我们身体里的回馈系统，让你想要一次又一次地重复某种行为；于是，潜在的天赋在一次次你并不知晓的刻意练习中，变成了显性的优势。

与其说是赢钱让拉芬德上瘾，更确切的答案是，发挥计算复杂数学的智能而获得的成就感让他欲罢不能。如此看来，对于拉芬德这个孩子来说，"赌博"是载体，"数学智能"是天赋，"感觉良好"是报偿，"赢"是优势。也就是说，想要重塑习惯，在这个回路中唯一需要调整的是载体。

所以当奈娜老师告诉他还有股票市场、金融投资领域等着他发挥天赋的时候，才能真正起到引领的作用，因为看懂复杂数字背后的逻辑和找到相关答案才是拉芬德想要的能够飞翔的世界，不再是纸飞机，而是梦想，是可以走得更远的"野心"。正如以色列前总统西蒙·佩雷斯所说："你的梦想有多大，这个世界就有多大。"如果拉芬德的梦想停留在街头赌局，那么拉芬德的世界就只有他生活的贫民窟那么大，或许那就是他的一生。

奈娜老师是教育的拐点，更是像拉芬德一样不曾看见更广阔世界的孩子的生涯拐点，也是为人父母的我们可以重新审视自己和孩子的觉知拐点。当成长路径摆在面前，并且你可以意识到的时候，你就拥有了人生，甚至连选择都不需要，因为此刻，不是问"你将来要做什么"，而是问"你要成为谁"。只有这个"你要成为谁"的"野心"，才会激发内在的动机，让生命长出翅膀，拥抱使命，创造一个不同的世界。活着，才拥有意义。

奈娜老师对拉芬德进行了什么职业测评，然后根据测评结果给予了生涯规划指导吗？当然没有。

奈娜老师做到了更加高级的事情——成为优势教练：

1. 观察，使用"回路视角"这个全新观察法，从觉察孩子表现突出的优势开始（就像拉芬德常常赢的逻辑）。

2. 确认，凭直觉引导孩子认识天赋的理念，确认其属于自己的天赋（就像拉芬德的数学智能）。

3. 激励，激励孩子学会从欣赏自己已经拥有的优势开始，然后使用成长型思维探索更多发展的可能性，找到属于自己的使命（改变载体，就像奈娜老师引导拉芬德从赌博走向金融领域，成为可以改变世界的人）。

4. 陪练，为孩子提供试炼的机会，掌握各种能力之间的有机联系，不停地投入时间和精力进行练习与更新，直到形成显而易见的优势（在这个过程中要频繁地庆祝每一个小的成功，这是最重要的环节）。

每个孩子都有属于自己的天赋。发现与识别，引导与鼓励，激发与陪伴，是我们每个父母都值得投入的事。

如果你暂时无法找到孩子的天赋与优势，那么就从不讲条件的接纳与赞赏开始，去告诉孩子"你来到我的生活里让我很开心""每天醒来看到你的脸我感到很幸福""你的微笑真的很美好，让我忘却了烦恼，做什么都充满了能量""我爱你""好感谢你""能做你的妈妈真是太幸运了"……这些是我每天都会跟儿子讲的话，慢慢地我们就会生出"看见孩子"的眼睛，生出"赞赏孩子"的能力。

・认知练习・

故事大师

—

请做孩子的优势教练

「行动」有意识地创造养育的故事，激发孩子的天赋，发展孩子的优势：

1. 观察，使用"回路视角"这个全新观察法，从觉察孩子表现突出的优势开始。

2. 确认，凭直觉引导孩子认识天赋的理念，确认其属于自己的天赋。

3. 激励，激励孩子学会从欣赏自己已经拥有的优势开始，然后使用成长型思维探索更多发展的可能性，找到属于自己的使命。

4. 陪练，为孩子提供试炼的机会，掌握各种能力之间的有机联系，不停地投入时间和精力进行练习与更新，直到形成显而易见的优势。

5. 庆祝，所有成功都是由很多个小的成功积累而成的，我们要抓住每个值得庆祝的显性成果或表现来跟孩子共同庆祝。

命题创作，
你绕过了多少委屈？

＜综合的创造·情感＞
馈赠礼物：创造意义的 3 种智慧

7 格局
我养育一个孩子

创造

8 艺术
我愿与你一起成长

9 使命
馈赠生命的能力

7

即兴智慧：请求帮助的格局

"不要为自己拥有独到的见解而感到害怕，因为我们现在所接受的任何观点都曾经是独特的见解。"

• 选择"醒来":当末日来临

◎独特见解:你有过"末日"的感受吗?

"当世界末日来临的时候,不是要想该如何求生,而是要想该如何醒来。"这句话,不是什么名人名言,而是我的儿子牛牛在他10岁时讲给我听的关于人类意识的思考。

那天晚上,他邀请我到他的床上躺一会儿,我去了,像往常一样我们都侧身躺着,望着对方。牛牛皱着眉头,一阵沉静,然后突然开口问我:"妈妈,你说我们所在的世界会不会是我们的梦,你是我梦里的妈妈,我是你梦里的儿子,这个梦很美好。我们人类到底是活在意识里,还是意识在我们的身体里,你觉得呢?"

我觉得?我一时之间不知道自己该如何觉得才好。这个问题是我们人类至今都在研究的课题,且这个课题一直处于讨论期,没有定论,现在是这样,将来可能也是如此。

意识世界必然是存在的,只要有一定思考力的人都能够有所感知,可到底是它在主宰着我们,还是我们主宰着它,大脑神经无法给自己做出明确的判断,这也是人类最大的迷惑,一个自己对自己的迷惑。

"不要为自己拥有独到的见解而感到害怕,因为我们现在所接受的任何观点都曾经是独特的见解。"我把这个具有哲学性的思考分享给牛牛,告诉他:"我无法回复你或认同你什么,但我知道你正处在一种被称为哲学的状态里，古希腊人曾经对哲学有过这样的观点，他们认为哲学就是一种出于自身原因而进行的探险旅行，与沉思有本质的区别，既不打算为我们解除烦恼，也并不为了拯救我们的灵魂。那么，能告诉我，你的这一趟探险，是出于什么原因吗？"于是就有了上面段首牛牛给我的回复，牛牛思考着人类面对危机时到底如何应对才算是更好的选择，有没有我们还没有看到却已经存在的可能，一种我们不知道的"不知道"。

虽然我们都无法给出什么明确的答案，但我们都很满意，满意的原因是我们可以有这样的对话。几分钟的时间里，从原本以为真实的世界，走入另一种真实的探索，我们都愿意尊重还有更多可能存在的可能性。这，也正是另一种答案，只是这种答案需要身体力行地去探索，才能真正获得。

或许，你一生中都难遇到世界末日，但你一定都遭遇过无力、无助、无希望、无价值的处于生活谷底的感受，却又无人理解，人们还可能会非常认真地回应着说"请多努力一点点"，以示热情与关爱。可他们不知道的是，你已经在努力，且一直在努力，努力，努力，努力……却永远实现不了目标，那是怎样的一种滋味——你想多跟孩子亲近，可就是管不住自己的脾气；你想让自己享受当下，却有太多的责任正扛在肩头无法放下；你想跟周围的人保持友好，但没人愿意选择与你在一起；你在别人的眼里功成名就，却在每个清晨醒来时觉得自己可有可无。

"末日"，不是外部世界的状态，而是你内心无处安放的感受。

在养育孩子的路上，我们都经历着这样的考验，到底有多少次不得不承认自己无力、无能与无助？牛牛的想法给了我们很好的提示，在末日感中挣扎求生是解决不了问题的，而是要想办法让自己走出梦魇般的困境，主动"醒来"。

◎变革思维：你有过"醒来"的体验吗？

我们，不仅需要哲学式的探险旅行，也需要能解决问题的变革式思维。

就如同牛牛说的，如果我们很不幸地体验到了末日感，我们需要做出一种选择，是选择在原本的维度里被动应对，还是选择重新切换频道唤醒主动的机制？

如果，你长期失眠，你可能会说"我需要一场放下所有的深度睡眠"，可你真的是为了一觉不醒吗？当然不是。

你希望的是，可以更加精力充沛地醒来。

我们每个人都拥有"醒来"的潜力，要掌握这种能力需要有意识地练习，练习，再练习，直到成为一种习惯。即便没有末日，就在日常的生活里，这也是一种必需的能力，因为我们总会遇到各种各样的挑战。

牛牛问我，"醒来"的方法是什么？

我说："我们每个人都拥有与生俱来的醒来的本质，要想逐渐脱离自我沉迷的紧缩状态，进入一个与更多人建立深刻情谊的宏大世界，就必须将所有的无常、危机、灾难等，都变成醒来的工具。这不是仅有人生观就可以支撑的思维路径，而是需要使用奠基于宇宙法则之上的宇宙观，同时关注日常实际细碎情况的生活观，有亲自参与的实践与检验，才能体味与证实的方法，方法具体是什么，因人而异。

"同时，我们需要一种适应性极强的智慧，来帮助我们存在、繁衍与发展，这种智慧是深藏于我们身体里的珍宝，只要条件成熟，它就会显露出来。

"就像我们曾一起看过的电影《我是山姆》中的人，他们抓住了醒来的契机，亲自走了一趟，完成了属于他们的探险。既哲学，也科学。但往往一个人的力量可能不足以引发变革的发生，我们还常常需要他人的帮助，这也是那部电影告诉我们的真理。"

别以为我说的话牛牛听不懂，其实他对物理学的研究比我要深刻得多，宇宙观也早早地在他的好奇中萌芽，霍金的论著更是给了他从探索宇宙的维度看世界的心胸。不仅是我的小孩如此，每个小孩都有这样的能力，如果你还没发现，那很有可能是促使他醒来的条件还不够成熟——这个条件，是需要父母有意识提供的。

每种能力都可以分为两种状态：原始状态和成熟状态。

心理学家常把人格描述为完善或不完善，把心智描述为唤醒或待唤醒，把思维描述为成长或尚未成长。

我们曾经以为我们长大了，可当一个孩子降生，当我们成为父亲或母亲，我们才恍然大悟。原来我们需要和孩子一起重新生长，这就是一种"醒来"——我们已经不再是曾经的独立的自己，我们已经从原本的"我"成为和孩子必须在一起的"我们"，从"我"到"我们"的距离，便是我们要走的路，一条"成为父亲"或"成为母亲"的路。如果你已经意识到了，那么你已经在"醒来"了。

"醒来"不是结果，"醒来"是状态，一种逐步成熟的状态。

◎即兴智慧：你有过"求生"的渴望吗？

曾经看到有人评论《我是山姆》说，这部电影的故事不够真实。可在我看来，其展现的不仅仅是生活的真实，更是人类原始本能在快节奏现代社会中的有力回归。其实际上，不是不真实，是过于真实，真实到放大了我们在生活中遇到障碍的可能与极限，同时又没有在已有的末日感里寻求无奈的求生方案，而是放下了所有自以为是的聪明，选择了一种突破常规的新思维，选择了"醒来"，选择了"即兴智慧"。

曾任职斯坦福大学戏剧系的老师帕特西亚·莱恩·麦迪逊写过一本关于即兴戏剧的书，来跟人们分享她教授即兴剧以及开办即兴表演剧团的经历、思考与心得。她的书中有过类似这样的描述：最早的人类只活在当下，在遇到困难时才考虑如何解决眼前的问题。饿了才去找吃的，渴了才去找喝的，困了才找地方睡觉，高兴了就笑，有富余的物资就分给他人。后来，我们的祖先学会了预见危险，未雨绸缪，制定计划，开始操心起未来，历史就这样翻开了新的篇章，智能的发育推动人类进步的同时，也标志着即兴生活的结束。

现在的我们，都被自己制定的各种计划套牢，即便痛苦却依旧保持残喘的姿态，理由充得无以辩驳，那就是每个人都这样。看别人、随大流、盲从、追星……不知道从何时起成了活着的标准。

而电影中的山姆，一个正在认真发挥"即兴"这项原始本能的人，给予了我们一个很好的案例，可以帮助我们澄清即兴智慧的样子，用以担起"唤醒者"的责任，对自己，对他人。

如果有人问我："有没有人影响你的一生？"我会毫不迟疑地回答："有，山姆。"——为什么是山姆？要回答这个问题，需要加入一些我们共同的思考，如果你愿意和我一起，我将不胜荣幸；我相信，你也会有意想不到的收获。或许你和我一样，对"求生"充满了渴望。

这就是即兴智慧的第一个维度，"选择醒来"。

• 面对"事实":当意外发生

◎初生,再多的意外都足以担负

山姆是个成年男人,智力水平却只相当于 7 岁的孩子,不需要查阅他的档案就可以一目了然的事实。对于山姆来说,天生如此。对于旁人来说,他本身就是一场意外。

山姆在上市公司工作,是星巴克社区门店的优秀员工。店长、同事和顾客都很友好,山姆在工作中积极而快乐。他工作四年后仍未得到晋升,原因是山姆无法做出一杯合格的手工咖啡。这对于店长、同事和顾客来说,合情合理,对于山姆来说,却是不得不接受的意外。

山姆收留了一个无家可归的女人,女人怀孕了,山姆悉心照料,孩子出生的那天,她告诉山姆:"这不是我要的生活,我不想跟你一起抚养孩子,当初我只是想找个睡觉的地方。"山姆并不明白到底发生了什么,他独自一人抱着孩子回家,承担起父亲的责任。虽然他也并不懂得父亲需要做些什么,但他知道孩子需要吃奶、睡觉、换尿布,还好有好心的邻居指导他如何跟一个不会讲话的婴儿相处,还好有人文精神卓著的公司文化包容他带着孩子上班工作,还好有那么多顾客都对他的服务给予善意的回应。这对谁来说,都是一场意外。

更让人意外的是,山姆竟然对所有的"意外"都无一例外地说了"YES",且付出了有模有样的行动。

山姆将女儿抱在怀里的瞬间想到了披头士乐队的歌里唱过"缀满钻石天空下的露西",于是给女儿取名露西·戴梦得·道森。每个孩子的名字里都藏着父母潜意识里对孩子的希望,山姆也一样,他知道自己的能力无法与别人相比,自己可以不那么聪明,但他希望露西可以。露西,就是山姆生命里的光。

你呢,你的孩子叫什么名字?你会如何向他人解读那个名字的含义?其中又蕴藏着怎样的你对自己的希望?孩子的身上又闪耀着怎样的只有你才能看得见的光芒?

山姆的生活,原本是非常规律的。上班走哪条路,早餐在哪家店吃什么,什么时间跟店长汇报工作,跟熟悉的顾客用怎样的语言打招呼,每一个糖包该如何排列,哪天和自己的朋友聚会,哪天需要一个人在家,等等,所有的事都已经有了约定,不需要思考,只要行动就好。

可是,如今不同了,所有的一切都要随着露西的到来而做出改变。星期二和智力障碍伙伴们的电影之夜已经持续了8年,但是会吵到露西睡觉;星期三和智力障碍伙伴们在固定餐厅的聚会会影响到对露西的陪伴,所以需要调整;星期五是要和智力障碍伙伴们一起唱卡拉OK的,可是露西太小,需要人照顾。

改变已有习惯,最容易的方法就是你有强烈的意愿要去做另外一件事,但旧习惯是你目标达成的障碍,你不得不做出艰难的选择,那么旧有的习惯才会被新习惯代替。

当然,这个"容易",是相对于你盯着一个坏习惯不放非要跟它死磕到底却无法有任何改变的难度来说的,其实也并不那么简单,但信念会给予我们最强大的内动力和行动力。

这就是强调生命意义的意义,我们需要具有目标的使命感帮助我们实现我们想要的自己的样子，历程是意义本身，目标则是意义实现的技巧，使命感是我们一定要去做的责任，哪个都少不了。

我们每个父母都因为孩子的降生而或多或少地改变着自己原有且曾认为此生都不会改变的习惯——比如爸爸们，对抽烟喝酒的戒断，对晚归时间的提前，对粗糙用语的约束，对拿手好菜的钻研，对运动项目的投入，等等，都是因为心里有了对生命意义的新鲜指向，有了成为父亲的使命感；比如妈妈们，将浓妆改为了素颜，将泡咖啡馆的浪漫时光改成了挑战野餐会的惊心动魄，将刷剧的懒散变更为亲子共读的勤奋，等等，都是因为内心正在觉察成为母亲的生命意义所在，唤醒与实现着生命繁衍、继承与创造的全新使命。

有多少父母都以为自己放弃了自己的所爱，在不得不牺牲的宿命里挣扎，而实际上是你寻到了更胜一筹的热爱，愿意花更多精力去为了这个甜蜜的负担付出所有，当然包括这一些些或那一些些的改变。

山姆和他的朋友们并非普通的寻常人，最好所有的事都固定不变，但他们却都因为爱而选择了接纳从来不曾预期的改变，且不管有多难，他们都没人愿意放弃与退出，渐渐地，露西成为他们中最重要的成员。山姆的朋友们，和山姆一样，在露西的身上看到了一种未来，他们自己无法实现却期待有人可以帮自己实现的未来，带着熠熠的光，像钻石一样在空中飞翔。

◎发育，再多的智力都无法匹敌

山姆把每个工作之余的时间都用来和露西在一起，数着雪花一片一片落下，讨论着瓢虫是不是只有女孩，思考月亮怎么总是跟着他们回家，疑惑太阳为什么是橘色的……

露西渐渐长大，长到了 7 岁，一个智力和山姆相当的年纪，足以让她意识到父亲和别人的不同。露西可以学会更多知识，可以看懂更加深奥的书籍，山姆却还无法讲更复杂一点儿的睡前故事，只有那本没有生词的《绿鸡蛋和火腿》讲了一遍又一遍。

山姆很抱歉自己不是一个聪明的父亲。露西却说："别对我说对不起，我很幸运，别人的爸爸不会总是陪孩子到公园玩的。""我只想听《绿鸡蛋和火腿》，我不想听其他的故事。"

电影里的故事，更是生活里的真实。那一刻，我从山姆的自责和露西的纠结里看懂了所有父母和孩子"青春期"的相处模型。

当孩子把题目摆在我们面前，充满希望地等答案，而我们却连题目都看不懂的时候，你是以怎样的心情假装应对自如的？应对的细节都已经不那么重要了，因为我们需要面对更加重要的事，我们从那一刻开始，强烈地意识到：自己已不再是孩子眼中的超人，不再无所不能；孩子从那一刻开始，渐渐意识到，自己正在比爸爸妈妈强大，不再什么事都需要听话。我们的处境和山姆的处境相比，不见得好到哪里，可能还要更加糟糕。

面对发育中的孩子，父母即便拥有再高的智力，也无法与其独立的成长产生棋逢对手的匹敌感。

如果说青春期是孩子们宣告身体发育、智能发展、人格完善的重要时期，那么每个父母都需要生出一种能力——有意识地逐步撤退、自我回归——以匹配孩子身体、生理、心理、人格、思想、认知等等突然到来的发育高潮。

觉醒这件事没人会提前打招呼，总是在你旧有的惯性中突然爆发式地来临，成为一种让你措手不及的意外。

当有父母意识到了却不愿意撤退，当有孩子宣告过了却无法捍卫主权，好好的青春就演变成了愤怒的"叛逆"。这"叛逆"的定义，是你以自己为立场的感受，孩子不再崇拜你、认同你的时候，你备受打击。因为失落而恐惧，因为恐惧而愤怒——愤怒这个情绪从来都是第二性的，只要你问一个生气的人为什么生气，他一定可以回答出生气的原因，但那个原因常常也只是另外一种情绪；而你恰恰又把这种混沌的情绪带来的感受当成了想法，并且还添油加醋地让自己信以为真，然后再非常委屈地对自己说"真是越想越生气"；进而你又把那个根本没有证据可以证明的想法当成了事实，以为自己逻辑清晰，因果分明，有理有据。父母就这样在愤怒中给孩子判了"叛逆"的罪，甚至还要添加"不孝"的标签以示惩罚，一锤定音，不允许反驳，因为在那个正在"愤怒的你"的心里，孩子的发言全都是狡辩。

是的，"叛逆"只是你的感受，其中夹杂着太多你未意识到的信念带来的恐惧。归根究底，你恐惧的是地位的丧失。这个地位不是父亲或母亲，而是一种高高在上的强大。

我们会在孩子大概 10 岁到 20 岁这个阶段里逐渐完成这样有意识或无意识的家庭变革，就像一场没有硝烟的战争，在各种摩擦与碰撞中，缓慢地归于平静。

带来和解的并不是青春，也不是时间，而是我们和孩子都习得了重塑关系的能力，彼此都学会了回到爱的初心，重新理解那些曾经以为了如指掌的方方面面，重新觉察一种熟悉的陌生感——父母需要重新面对一个全新的拥有独立思维的大孩子；孩子需要重新面对一个曾经崇拜，如今却无法跟上自己发育速度的有些机能滞后的父亲或母亲。

罗素在《哲学简史》中总结古希腊哲学家赫拉克利特的对立统一观点时总结说："冲突是使得世界保持生机的原动力。"亲子冲突的背后恰恰酝酿着这样的动机与生机，只是统一的和谐实在是不那么引人注目,在与冲突的火爆场面相比较之下,我们往往会锁定冲突这种显而易见的表达本身,也就忘记了去探求其背后的生机——矛盾、对立、疏离、决裂,甚至诀别,都是孩子轰轰烈烈的青春,可是有多少父母能够意识到这并不是一种简单的对立?

◎青春,再多的对立都不是叛逆

青春,对于每个正在经历的孩子来说,不是叛逆,而是恐惧。

我的儿子在读初中,正值青春期,他跟我分享了很多他的想法和感受。有一天,他突然意识到自己发声低沉沙哑,可能不是因为感冒还在延续,而是好像变声期来了,同学们也提醒他可以多关注下自己的喉结有没有变大。回家后他第一时间抱着我说的话却是:"妈妈,我不想变声,我喜欢我原来的声音,其实在初三到高一的过渡期变声就可以了。"

第二天早上,他再一次重复头一天晚上对我说的话,他说:"如果有一种药水,喝下就能变成壮男,然后还有另一种药水,喝下就能恢复到发育之前,那该多好啊,我就可以来去自如了。"我问他纠结的是什么:"是什么让你既想发育又害怕发育呢?"

他看看我,说:"我还是很享受妈妈每天抱抱亲亲的感觉的,是不是我长大了,你就没法这么做了,就不能像现在一样照顾我了。我要是已经很高大了,可能想把我抱起来举起来也做不到了吧,我想赖着你,可以一直赖在你身上的那种。可是看到有的男生已经发育了,很强壮,我也有些羡慕他们,我不是不想长大变强壮,只是不想这么早强壮,我想再等等。"

想再等等,等什么呢?

每个面临长大的孩子都会有些纠结,我的儿子如此,山姆的女儿也如此，只是我的儿子和他的同龄者齐头并进地进入青春期才遇到这样的困惑，而山姆的女儿却要更早地面对自己智力发育到父亲已经跟不上的事实。

其实，那个面临"长大"的"孩子"，也包括我们自己。苏格拉底曾说："孩子在成人的眼里是幼稚的，成人在上帝的眼里也是幼稚的。"我想，苏格拉底在说这句话时所用的"上帝"可以看作一种指代，指代所有那些思维更高阶的存在，用以告诫我们，不要对自己拥有的东西沾沾自喜。

或许，山姆这个父亲在我们这群人的眼中就像一个 7 岁的孩子。而我们呢，在未进化到更高阶的思维模式的层级里，又何尝不是一种低维的存在，同样的是一种幼稚，同样的是一种"未长大的孩子"，我们只有在升维后，回过头来才能看懂我们曾经的"幼稚"，"上帝"不是别人，是那个正在未来等我们的我们自己，当然前提是我们允许自己长大，并抓住了长大的契机。

露西不想因为自己的强大，而失去和父亲之间美妙的互动时光，她开始拒绝学习新词汇，故意考试不及格，睡前故事只选山姆能读得顺畅的，以自己的停滞来迁就父亲的智力。她也曾经以有这样的父亲而有些羞愧，但很快地意识到自己想要的只是爱，没人能代替山姆做自己的父亲。

这种意识转变，是因为另一场意外的发生。儿童和家庭服务部突然告知山姆：经过调查，你不再拥有抚养女儿的合法权利，每周可以见两次，每次两小时。这个意外，对于山姆来说，比露西的出生还要更加令人震撼；对于露西来说，失去山姆的爱比什么都来得残忍。他们都和我的儿子牛牛一样，都想"再等等"。

可事实就摆在面前，无法再等，必须面对。

突如其来的契机，对于山姆和露西来说，是一场撕裂的痛。所有痛的根源，都来自现实与理想的矛盾，在差异与失衡中，露西不接受新的父母，山姆不接受自己不再能照顾女儿的生活，而儿童和家庭服务部以及学校的人都认为露西的成长与未来，仅仅有山姆的爱是不够的，露西需要能给予她更多支持力量的父母和家庭来养育，起码智力水平要跟得上一个孩子的成长所需，能够为孩子的每一个成长需求做出及时而恰当的回应。

冲突，来得猝不及防。原本将"说 YES"这项人类原始的即兴本能运用得很棒的山姆，在那一刻丧失了所有的应对机能。

即兴，不是你说"好的""是""没问题"，而后就会实现所有的剧情的，还需要你在演绎自己的同时，去关注这个世界正在发生着什么，这是即兴智慧的第二个维度，即"面对事实"。

该如何面对？

在面对之前你需要探询自己一个问题：我的目标是什么？

• 请求"帮助":当能力有限

承认自己需要被帮助,是"即兴智慧"的第三个维度。

◎思路:创造提问的现场

"当末日来临,我选择醒来。"这是我的儿子牛牛说给我的智慧,一种醒来的智慧。

所谓的"醒来"是从你的内在醒来,睁开眼睛,跳出自己,看看外面的世界,再回过头来重新看看自己;我们真正的"末日",从来不是来自外部世界的末日,而是沦陷于内心黑洞的无法自拔。

对于山姆来说,突然就不能做露西的爸爸了,突然就不能和露西见面了,突然露西就要有别的爸爸妈妈了,突然跳出来那么多人说自己没有能力做一个可以照顾好露西的好父亲……太突然了。山姆和露西都陷入了那种张大嘴巴眼看着灾难发生,自己却无法动弹做出丁点儿反应,内心狂跳着想要爆发些什么却找不到通路和出口的无力的挣扎……

一个父亲要失去孩子,一个孩子要失去父亲,无疑是一种"末日感"的真实体验,没有方向,没有警示,没人引导,山姆和露西在他们各自的"末日世界"里不设防地遭受着突然而猛烈的打击。

智力障碍并不等同于没有智力;无能为力感并不等同于你什么都做不了。

人类面对危机的第一反应常常是"该怎么办？"，而不是"发生了什么？"——"重要的不是答案，而是提出问题。"这是哲学家留给我们的箴言。显然，"该怎么办"是在找答案，"发生了什么"是在提出问题。

我们需要创造一种现场：

认真地、反复地回答自己或他人提出的问题，即便不能一下子想出明确的回应，也可以一遍遍重复地问自己那个自己答不出来的问题。这个过程叫作"反思"，是心智化水平提升的现场，你只要问就对了，不需要在意答案。

当我们有提出问题的能力，那么距离解题的进程就不远了，你会发现不需要花力气去直奔结果地解题，答案是在提问的过程中，在每一个探询中，如神迹般地显现。我常常会在跟我的学生描述这个过程时用到一个词语——迎刃而解。

山姆和他智力有限的朋友们商量着该如何应对这场突如其来的危机——他们认为，山姆失去和露西共同生活的权利，等同于毁灭了露西享受父爱的权利，也等同于剥夺了智力障碍者爱人的权利，这不是山姆一个人的事，而是他们必须共同迎接的挑战。找个厉害的律师为山姆辩护，成为认同度最高的选择。

回答，不是要有明确的答案，而是要有智慧的行动。

任何人在"面对事实"时，都有两条路要走，而且要做到同时出发，并驾齐驱，那就是"改变你无法忍受的事"，同时"尊重你无法改变的事实"。

山姆和朋友们做得很好，无法忍受的是让山姆放弃做父亲的权利，必须尊重的是法律规定和社会制度，还要看清露西确实正在长大、确实需要更完善的家庭环境这个事实。

醒来,是走出沦陷区的唯一选择,选择面对事实,关注、感受背后的自我需求,关注事件背后的外部世界的要求,寻求一种对立统一的潜在和谐,才是智慧。

◎目标:尊重孩子的成长需求

创造了提问的现场后,我们要了解自己的目标是什么。

作为父母,你的目标是什么?

养育孩子,你的目标是什么?

请把两个问题分开来思考,它们是需要建立边界的两回事。

电影中有一段深刻的对话,在法庭上展开。儿童和家庭服务部的律师问山姆:"当你照顾露西的时候,你的偶像是谁,你想成为谁?"山姆回答:"我自己,做一个父亲,我的偶像是我自己。"

律师继续问:"你凭什么认为你能养育7岁的孩子,或者10岁、13岁的孩子?你凭什么认为你能承担起父亲的责任?"山姆回答:"我有很多时间去想究竟要怎样才能成为一个优秀的家长,重点是要不断努力,重点是要有耐心,重点是要懂得聆听,重点是要假装去聆听,即使你不愿意再听下去,重点是要有爱心。如果你破坏了这个家,它是不可修复的。"

律师继续问:"看来,你并不知道怎样抚养你的女儿。如果像你说的你深爱着她,你不觉得她应该在更好的环境下成长吗?你的内心难道每天不会偷偷地质疑自己吗?"此时的山姆,不再像之前那么充满斗志,而是坦诚地回答:"对,我觉得露西应该在更好的环境里成长。"

不管你多么想要和你爱的人在一起,只要你知道有更好的东西可以属于她的时候，尽管条件是你必须选择某种程度的离开，你也依旧会用撤离现场来为她提供最好的可能。

对于那一刻的山姆来说，舍不得是对过往的珍惜，撤离是对未来的尊重。

山姆知道自己的律师付出了很多时间和精力辅导自己如何要回抚养权，可他也知道再多的辩护都敌不过对方律师那个提问带给自己的退缩感——"如果像你说的你深爱着她，你不觉得她应该在更好的环境下成长吗？你的内心难道每天不会偷偷地质疑自己吗？"山姆很想选择放弃关于抚养权的努力，接受儿童和家庭服务部的安排，以后每周去看望露西两次，每次两个小时。或许这就是对露西最好的养育，自己给不了的，那就由别人来给吧。

作为父亲，山姆的目标是成为更好的自己；养育孩子，山姆的目标是给露西更好的成长环境。

当看到山姆说"我的偶像是我自己"的时候，我的内心充满了感动，看似有智力障碍的山姆却说出了多少常人都还没弄明白的智慧。每个人都是唯一的、独特的，都是值得肯定的。但大部分人只是强调能耐，遗落了智慧，在自以为是的聪明里拒绝接纳真实的自己，不愿实现更成熟的自己，生活本来是现成的，却偏偏要带着对自己的成见和对这个世界的曲解，去抄袭别人的人生，去复刻他人的生活，努力地成为连自己都不认识自己的别人的样子。

山姆确实把成为父亲和养育孩子两个目标分得很清楚，也确实明白其中的边界所在。可不幸的是，山姆将边界筑成了高墙，将自己锁在屋子里，陷入了深深的恐惧中：我无法给露西更好的成长环境，我没有这个能力，我的智商不够，我的知识不够，我做不到……

当我们因为各种原因无法做到的时候，自然会想到一个看起来合情合理的选择，那就是将孩子交给有能力的人。在孩子长大的过程中，作为父母的我们都会遇到做出这样选择的可能，比如：自己忙于工作没空陪伴，那就把孩子送到早教机构；自己能力不足无法辅导功课，那就把孩子送到培训机构；自己面对孩子学习没动力很无奈，那就把孩子送到心理咨询机构。我们有多少父母和山姆这个智力水平只有 7 岁的父亲有着同样的逻辑？

在这个逻辑里，孩子需要从不会说话就开始学会离开爸爸、妈妈，在安全依恋建构之前，就要开始独自适应社会，这能说是尽责的父母所给予孩子的教育与爱吗？可是对于那些父母来说，自己是非常负责的，做了很多努力，花钱自不用说，还要对比机构的良莠后才做出选择，还要找关系拜见最好的老师，还要不管多远都亲自开车接送，每个周末都在各种机构间穿梭与切换中度过，换来的是孩子的对抗、亲子关系的紧张、学习动力的消减、家庭氛围的剑拔弩张，明明都是在为了孩子好，却没人理解，承受着那么多委屈。

对于孩子来说，又何尝不是一种无奈。在这样的冲突中，往往选择妥协的是孩子，而不是大人。孩子终究还是体谅了父母的需求，再不愿意去的辅导班还是去上了。可是，在那样的时刻，父母有考虑过孩子的感受和需求吗？

电影里的孩子露西也曾质问没有按照约定来探望自己的父亲山姆："你真的关心我吗？""谁说我需要的你给不了？""我需要的是你，爸爸，我需要的只是爱。"当然这个时候的露西和这个时候的山姆一样，都只看到了片面，露西以为自己只是需要山姆的父爱，山姆以为孩子只是需要寄养家庭可以带来的养育优势。

每个孩子都需要被尊重，需要我们尊重他们成长里真正需要的给予、支持和帮助。凡事，都需要从不同人的不同视角去觉察，才有可能接近事物的原貌、全貌，才能更趋近真实，才能更科学地评价与判断。往往，最贵重的东西，从来都不是看得见、摸得着的什么，而是看不见、摸不着却足以感知到的无形的什么，爱是一种需要付出时间去投入的体验，绝不是用某个简单粗暴的消费性买单行为假手于人的逃避。

山姆的律师丽塔，是个 8 岁男孩的母亲，她曾经是个在亲子关系中很会"买单"的妈妈，口口声声地讲述自己对孩子的教育有非常强烈的关注，委委屈屈地诉苦，说自己对孩子的需求非常努力地回应，以为自己拼命做好每个案子，服务好每个客户，赚到足够多的钱，给孩子提供衣食无忧的生活，就是自己最该做的事，就是一个负责任的妈妈最该有的样子。

可现实却给了她无情地打击——当丈夫在她忙碌的事业里不再重要，当孩子的需求在她忙于服务的客户面前不再紧急，当客户和案子才是让她强打精神的理由，回家的她只剩下疲惫，挥之不去，明明这不是自己想要的生活，却在第二天醒来继续循环，One Day，One Day，One Day……

山姆的出现，对于丽塔来说，是一种幸运，就像她自己对山姆说的："我从没失去过任何东西。恐怕，在我们俩的交情中，我得到的好处比你还要多。"在和山姆相处的日子里，丽塔渐渐看见了"爱的样子""一个父亲的样子""美好亲子关系的样子""自以为是的自己的样子""自己儿子生活环境的真实样子"，开始重新审视自己的生活。

丽塔的帮助，曾经让山姆以为自己拥有了重获女儿抚养权的希望，可是法庭上对方律师的那个严肃的提问让山姆意识到，这一场辩护的目标不是赢得抚养权，而是双方在用激烈的方式碰撞着某种突围的共识。

山姆开始重新审视抚养权的意义。

丽塔意识到或许还有路可以走，只是那条路的样子尚未清晰。

丽塔破门而入，告诉山姆可以再多努力一点点。山姆却告诉丽塔，自己一直在努力，请厉害的律师，在星巴克申请做手工咖啡以证明自己的抚养能力，赚钱买一部可以让露西随时给自己留言的电话，放弃和朋友们共同生活的社区搬来和露西住得近一点，拼命地准备法庭上要说的话，却永远实现不了目标，"你不懂我的滋味，你生来完美，而我生来就是这样，你怎么能知道我的感受，你没有这样的感觉，你对任何事都没感觉"。

丽塔激动地回应说："我来跟你说说我这样的人过着什么样的生活。我这样的人，也感受着失落、渺小和丑陋，还有自己的可有可无；我这样的人，有了老公，老公却去找了比我更完美的女人；我这样的人，有着恨自己的儿子，我骂过他，用很可怕的话骂过他，他当时7岁，原因只是那天他不老老实实上车，然后他看着我，眼睛里充满了愤怒，我当时很恨他，我告诉我的儿子，我知道你不应该被这样骂，但现在赶紧给我上车。我的感觉是，每天早上醒来，等着我的就是失败。我看看周围，其他人都把日子过得好好的，而我却不能，不管我有多努力。无论怎样努力，我的努力总是不够。我知道我辜负了你，让你感到失望了。"

原来，所有的悲伤与无奈都与智力无关，相关的是我们对这个世界的看法。

共情，并不能解决问题，但一定是解决问题的开始，在所有的关系中都适用。当山姆和丽塔成为彼此更加信任、更加认同的伙伴，合作才真正开始。

勇者，并非无所畏惧，而是愿意选择面对。当我们把已知当成了所有，也就把自己驯化为了困兽。牢笼不是别的，是自己给自己的束缚。要想从所有的已知中解脱，无疑是需要生长出勇气的——

去面对恐惧、揭露恐惧、探索恐惧。

丽塔想到了突破养育方式的方案，山姆也准备好了不放弃赢得更多养育可能的决心，寄宿家庭的父母也渐渐在山姆和露西的互动里感受到了他们之间爱的不可割舍，儿童和家庭服务部也看到了一个孩子更好的成长环境中多个维度共建的可能——丽塔、山姆、寄宿家庭的父母、儿童和家庭服务部的工作人员，都放下了原本的局限，不再把重点放在抚养权归谁的问题上，而是开始共同思考如何做才是对一个孩子最好的养育。

目标，不是抚养权的归属，而是一个孩子的成长该如何才是好的。

任何时候，我们都不能忘记了目标。对于电影中的所有人来说，皆大欢喜：山姆有了更多陪伴女儿的权利，露西拥有了更多享受父爱的时间，丽塔收获了山姆这样特别的朋友，寄宿家庭的父母可以无须剥夺山姆父爱的同时更加心安理得地养育露西，儿童和家庭服务部完成了一场出色的干预和救助……

我在书写这本书时借助的每一部电影，都是在为我自己和阅读的人尝试建立一种更为生动的交流通道，增加我们某种共同的人生体验，讲故事不是目标，目标是我们可以通过电影里的故事，跳出自己来看自己。

◎合作：主动整合外力资源

律师丽塔的无意识忙碌，"7岁"山姆的智力障碍，早熟的露西对安全依恋的渴求，寄宿家庭的母亲对爱的重新诠释，儿童和家庭服务部对职责的权衡与坚守——他们每个人的意识，可能都是我们思考模式的不同层面，或者说他们就像我们的分身，在不同的时间、不同的场合出现，如果你还从未觉察到如此复杂的自己，那是时候做更多的反思练习了。

反思，也可以练习吗？

当然可以！就连智力都可以通过刻意练习而增长，越来越多的研究表明人类的无极限是一种必须看见的事实，连基因都可以重组，还有什么是不能改变的呢？

这是个自己帮助自己的有效方法，反思这件事是随时随地都可以开始的，没有任何条件的限制，只要你可以在一件事发生时或发生后进入一种状态——一种向自己提问的状态，然后试着回答，然后再试着沿已有的逻辑层层深入地继续提问，或者放弃打结的问题另辟蹊径、重新选择提问的方向，然后继续尝试回答，继续以上行为，循环往复，直到自己的大脑神经归于平静。这并不是要求自己冥思苦想得到一个答案，而是给自己一个过程，一个平衡的过程，让"对立"走向"统一"，实现"醒来"的状态，然后再付出行动。

你可以把这个方法称之为"三思后行法"。

"三思"指的是量化标准：至少提出三个问题；每个问题至少回答三十秒钟；而后必须做出三条关于这次反思的总结。这样，我们的行为就有了属于自己的管理法，你知道做到什么程度是自己满意的，当真的做到了，那自然就成功了，而不是依赖所谓的答案——你会越使用越得心应手，你的反应速度也会随之越来越快，从你很多天后才反应过来，到第二天能够反应过来，再到即刻做出不需要思考时间的即兴回应，这真的是需要练习的。

这并不是你知道了就会了，而是你会了之后才可以领悟到什么是真正的知道。

我们要学会对自己容忍，容忍失败，容忍没做，容忍负面的情绪，之后再重新开始。这确实需要勇气，但不是讨厌自己的勇气，而是善待自己的勇气。

当你学会了自己帮助自己,你会发现你的孩子也跟着学会了这一切。教育从来不是通过生硬的教导完成的,而是通过影响的力量实现的。美好的你会成为孩子模仿的榜样。

在这个过程中,你做到了——从想象到创造,从自以为是到面对事实,从无意识条件反射到有意识提问思考,从感性到理性——元认知建构路径的扩容工作就这样水到渠成。你不再是平面国的居民,而是向上升维到了三维世界的新成员,甚至更高的无法描述的新维度的智者。

我们的目标不是前后左右的方向,而是突破维度向上的可能,而这个可能就藏在每个"意外"之中。这个"意外"可能潜移默化地发生,就像我的儿子牛牛在有意识的觉察中说"我想再等等",就像《真爱之吻》中的佩内洛普打一通电话回家,说:"我爱你,但是,再见!"也可能是毫无征兆的轰然而至,就像电影里的露西在末日感的无力中说"我谁都不要,我要的只是爱"。

遇到"意外",首先要问的,不是"我该做什么",而是"我现在的目标是什么""我三年之后的目标是什么""我五年之后的目标是什么""我十年之后的目标是什么""我此生的使命是什么,如果可以去实现我将深感荣幸,如果不去做我将死不瞑目"。向死而生的终极拷问,可以帮助我们探寻生命的意义,可以帮助我们拥抱生命的意义,可以帮助我们有意识地知道"我该做什么",让"我该做什么"这个提问成为一种有意识的回答,而不再是某种大脑一片空白的疑问。

做什么往往显而易见,但是目标是什么常常隐晦难寻,目标背后的使命是什么,以及你所期待的人生里值得超越的意义是什么,就更加需要我们有意识地投入进去。自我探索的路,只要开始,就已经收获。所有的秩序都是在混沌中发生的，望眼欲穿无济于事，行动就是最好的方式。

不走路的人是无法拥有路的，唯有走起来的人，回头时才豁然开朗：原来这就是我想要的样子。

他人，是不可缺席的重要资源，我们每个人都需要有意识地组织起属于自己的养育团队。打破常规的受益者，是像露西这样的孩子、山姆这样的父亲、丽塔这样的母亲……是正在醒来的我们自己，还有我们的孩子。

丽塔因为山姆的非常规人生得到了重构生活的启示。她深深地领悟到，当末日感来临的时候，不是要在原本的混沌中挣扎着求生，而是要将头脑切换到崭新的世界，醒来，重生。

山姆也因为丽塔的帮助，不再执着于非黑即白或非此即彼——想要得到全部抑或放弃所有。他对丽塔说："你的努力已经够多了，你做的努力远多于需要的，我要接回我的露西。"他对寄养家庭的母亲说："有件事我一直做不到，我想让露西有一个妈妈，我需要有人帮助我。"

露西在经历了寄养家庭生活后，看到了爱的不同维度，也不再对山姆之外的帮助全然地排斥，也渐渐对更多人的善意生出了好感。

寄养家庭的母亲，原本以为自己高人一等，一定会给露西更好的养育，但山姆和露西的互动让她明白，有些东西她能给，有些东西她给不了。她对山姆说："我曾以为我可以给露西全部的爱，但面对你，山姆，我开不了这个口，我无法在法庭上说这些，因为我了解到露西需要你，没人能够取代。"

在养育一个孩子的故事里，父母不需要背离什么，舍弃什么，牺牲什么，而是要探寻到属于自己的使命，设定好向上的目标，不断地叠加些什么，路径自然而然地就会在你的脚下，这才是智慧的本质。

目标是什么？目标是充满敬意地给孩子最好的养育。养育这回事到底要由谁来做？不是哪个谁来做，而是要超越人类自保的本能，同时无条件地爱护自己，然后又主动寻找到伙伴——通力合作。

你合作的对象，可能是你的丈夫，你的妻子，你的家人，你的朋友，你的导师，你的教练，孩子的老师，孩子的同学或朋友，也可能是某个素不相识的陌生人，或者是你有意建立关系的、拥有影响力的人物，当然也可以是大自然、博物馆、艺术画廊里发生的一切——所有可以承载教育的媒介，都是我们可以合作的伙伴，当然也包括我们自己。

"自己"这个合作对象，真的很难缠。看见真实的自己，接纳发生的原貌，探索未来的目标，关注当下的需求，认定发展的使命……只有先让自己醒来，才有与他人合作的未来。

智力和智慧是一回事吗？

当我们看到山姆的智力水平，当我们反思自己智商都去哪了的尴尬时刻，不禁要问自己到底有没有足够的智力，到底有没有成熟的智慧。智慧，是我们每个人都想要拥有的东西。可是，到底什么才是智慧？拥有智慧的人是什么样子？智力和智慧是一回事吗？智慧是可以学习与增长的吗？我们太想获得的是看起来拥有智慧感的表现，还是真实的智慧本身？

从某个角度讲——智力是人类给自己的设限,智慧是人类给自己的成长;智力可能是一个量化的标准,智慧始终是一个动态的过程;智力是一种被动的接纳方案,智慧是一种有意识努力并产生价值的能力。

"即兴"主张先接纳、"说 YES",然后问问自己"我的目标是什么",再就是"接下来做什么"。一个人的力量有限,那么"谁能帮助我"?既然冲突是发展的动力,那么"对立统一哲学中的和谐要如何生成"?——没有完美的脚本,只有探询的旅程,我们要学会从不同的角度,以全新的方式,看待所有发生的事情。

请求帮助,是一种即兴的智慧,也是一种养育的格局。

认知练习

请求帮助

—

请学会有意识地建立自己的外力资源

「练习」思考五个自己最可能需要他人的时刻,例如:

1. 当我有好消息时,我最想与( )分享。
2. 当我生病的时候,我最想( )陪我去医院。
3. 当我有烦恼困惑时,最想找( )倾诉。
4. 当我有需要解决的问题时,最想向( )请教。
5. 当我很想做一件需要支持和鼓励的事时,最想和( )交流。

「反思」从以上的练习中,我发现:

「追问」我的孩子对以上的练习会做出怎样的回应?

每个人都需要他人的帮助,这是智者的选择。

8

深度养育:探索平衡的艺术

"我不知道哪个更错,是该换个新的,还是该把原有的修好?"

• 弗雷德假设·视而不见的全貌

◎与众不同：两个极端的指向

一个孩子不想上学，最可能的原因是什么？

小女孩玛丽，七岁，到了该上学的年纪，却并不想去学校，她说她觉得学校的课程很无聊，而且是那种没完没了的无聊。开学第一天，她就忍无可忍地冲着老师和校长大喊："这算哪门子学校，让弗兰克来把我接回去。"

弗兰克是玛丽的舅舅，也是玛丽的抚养者和监护人。在把玛丽送到学校读书之前，弗兰克曾特别交代玛丽：不要在学校炫耀，做个普通的孩子。玛丽对此也做过保证，承诺自己会认真地做一个孩子。

做个普通的孩子，竟然还需要保证，真的是件奇怪的事。我们哪个父母不希望自己的孩子非凡、卓越、与众不同、不普通呢？

你或许已经猜到了，玛丽的确是个不普通的孩子，所以用不着被谁来希望不普通。与我们常见的想法相反的是，舅舅弗兰克认为玛丽"不知道怎么做一个孩子"是件非常棘手的事，需要引导这个孩子把"不普通"隐藏起来，过普通人的生活，才是最好的选择。比如学会跟同龄的孩子交朋友，在学校生活中增长社交技能，学会用不同的眼光看不同的世界，而不是只和上了年纪的房东大姐成为"唯一可以谈得来的朋友"，不是在听了新闻之后发表"即便脱欧，还是会发生世界性经济衰退"的言论。正常、普通，像个孩子，是弗兰克想要的玛丽的样子，可玛丽这个孩子却偏偏与普通的孩子大相径庭。

玛丽的老师邦尼·斯蒂文森小姐确实对她宣布过：这个学校里的学生要经过允许才能回答问题；这个教室里的孩子只有被叫到名字才能回答问题。可玛丽的无聊并非来自学校的规章制度和班级纪律带来的约束感，而是老师所教授的内容对于她来说都太过简单，无法让她提起学习的兴致，还有同学们看起来幼稚、听话、乖巧、做作，都让她无法忍受——玛丽觉得自己坐在那里就像是被摆布的木偶，没人听见她内心的声音，更没人在意她脑子里的思维。

当一个人无助却又不知所措的时候，常常会选择愤怒，不是因为别人做了什么，而是因为自己内心的恐惧。

与众不同，常常拥有两个极端的指向：

一端写着"你是佼佼者"，赞扬你所有的特别，都是被人羡慕与憧憬的优点，这里的参考值是个体对个体的关系，就像你崇拜霍金、爱因斯坦这样的科学家，莎士比亚、托尔斯泰这样的文学家，丘吉尔这样的政治家，高迪这样的建筑艺术家；

一端写着"你是讨厌鬼"，讨厌你所有的个别，都是被人嫌弃与躲避的缺点，这里的参考值是群体对个体的关系，就像你无法忍受名声在外的邻居跟你大谈国际时局的走势，拥有学识的孩子同学的家长跟你分享教育的真谛，别人都能做到而只有你的孩子没做到的格格不入。

不管在哪一端看你的"与众不同"，人们都会将你的特点无限地放大——让你成为受人爱戴的个体，只看你做到了什么，你距离人们越遥远、越陌生，就越容易成为人们追捧与崇拜的对象；或者，让你成为群体中被排斥的个体，只看到你没做到什么，你距离这群人越近、越在其中、越熟悉，你就越容易成为被人们猛踩与贬损的对象。

就像你遇到了一本书，作者越是陌生你越有兴致仔细地端详其文字中透露出的思想，如若作者就是你身边的人，你大多会在看其文字前就有了经验性的判定，而且会用更多挑剔的眼光去浏览，连细看都觉得会低人一等。

这是我们大脑提供给我们的"先验经验""刻板印象""认知边界"所带来的信念式不公平，让我们在拿起这本书之前就已经做好了喜欢或不喜欢的决策，即便你读了之后觉得这本书很有用，但还是难以跟任何人承认它的好，包括自己。所以，人类常常敬仰神或伟大的人，不为别的，只为高不可攀，芸芸众生皆如此，也就暗戳戳地隐藏起自己内心深处所有的卑微，好与周围人拥有平起平坐的资本，我们都是人，于是感觉良好。活着就是为了找感觉，不是一句玩笑话，而是人性使然。

"与众不同"并没有给玛丽这个孩子带来"我是佼佼者"的优越感，而是相反地承受着"我是不是讨厌鬼"的困惑。天才不一定在被普通人看作天才之前就自信地认为自己是天才，往往会觉得自己很卑微，产生只因为自己想合群却无法合群的异类感。

几乎所有不想上学的孩子都会表达对学校的不满，玛丽也一样。但是，抱怨对学校不满的孩子都在不经意间引导着我们进入一种假象，让我们以为孩子真的是对学校不满，其实不然，真正不满的对象是感受，是对所处环境给孩子带来的感受不满，这才是真正的原因。感觉找不到，也就如坐针毡了。

真正不满的，不是学校、老师和同学，而是自己的深切感受。

◎ **甘愿普通：两种动机的博弈**

邦尼是个拥有强大洞察力的老师，她第一时间觉察到了这一切。于是，邦尼想要出几道超越这个年龄阶段的难题，好让玛丽感受到学习的挑战与兴趣。可事与愿违，从 1 加 1，2 加 2，3 加 3……直接跳到了更大数的加法、更大数的乘法，玛丽不仅能够口算出正确答案，甚至连平方根都能口算出来。在她们互相对视的尴尬的安静里，邦尼重新审视着眼前的孩子，她觉得玛丽很特别，而玛丽却觉得老师正在没完没了地挑衅。

玛丽害怕自己的"特别"暴露，却又无法压制这种"特别"的蠢蠢欲动，不知所措，无所适从，不知道该怎么办才好的玛丽做出了最自然的反应——愤怒——对着校长、老师大喊要回家，对同学选择漠视、不搭理，还有写满了全身的"离我远点"的、对所有人的无声的抗拒。

玛丽，到底是个怎样的孩子，在她身上发生了什么？

邦尼老师很想了解，想与来接玛丽回家的弗兰克沟通，探询答案，却被弗兰克几句话搪塞了回来。

舅舅弗兰克将玛丽接回家，告诉玛丽他对玛丽在学校的表现很失望。玛丽也觉得自己做得不够好，主动向弗兰克道歉。他们一起走到码头，抱上玛丽的猫咪弗雷德，试驾弗兰克修好的船，冲向大海，没有方向，开出飘忽不定的航线，让海风吹散冲突所带来的所有矛盾。在那一刻，上岸是一种必然，就像不可否认陆地才是我们人类的家园，经历大自然力量的洗礼之后，我们总要"回家"。

弗兰克和玛丽，因为回到了平日里的相处模式，回到了再熟悉不过的环境中，所以才得以平静、淡然。回到岸上的两个人，轻轻地踩在沙滩上,在深浅不一的脚印里,感受阳光深埋的温度与包容,情绪得到了平复,可存在的问题并没有解决,他们都还没有足够的能力应对玛丽到学校读书这件事,玛丽依旧不知道该如何交朋友与隐藏数学天赋,弗兰克依旧不知道送玛丽去这所学校读书是不是正确的选择。

常常会有来找我辅导的妈妈谈及自己与孩子的关系时说:凡是跟学习无关的时间,我们都相处得很好,可是一到学习这个不得不面对的问题上,就会剑拔弩张,我们都不希望这样,每次发生冲突后彼此都很后悔,但下次还是会重复上演。

弗兰克和玛丽也正处在这样的时刻,当他们回到熟悉的、习惯的相处环境中时,矛盾与冲突就已经开始化解了,海风的功劳可能只是让他们拥有了更多重新坦然面对彼此的释然,是一种潜移默化的过渡,就像生活长篇里的间奏与喘息,然后还是会回到主旋律继续人生的使命,就像你在和孩子发完脾气后带孩子出门散步一样,都是在赢得回到原本的样子的时间与契机,在这样的时空转换间唤醒初心,遇见美好。

这样的安宁,是一种片段式的存在,而不是一种永久。

夕阳西下,弗兰克抱着玛丽坐在躺椅上,遥望大海,思考着所有发生的一切。

玛丽说:"弗雷德喜欢看矶鹞,它想去抓一只,但它会后悔的,弗雷德不杀小动物,它很有爱心。妈妈会想让我去上学吗?"弗兰克回答说:"我不知道你妈妈是否希望你去上学,但我知道她希望你能有朋友。""傻朋友吗?"玛丽喃喃地,看似心不在焉地接着话。弗兰克继续说:"她会希望你对他人富有同情心,就像猫对矶鹞那样。"玛丽终于说出了自己最大的担忧:"如果他们不喜欢我怎么办?""那他们才真的是傻。"得到弗兰克的支持后,玛丽浅浅地笑了，变得安心了很多。

内心的博弈，依旧在"发挥"还是"隐藏"间较量，这让天赋该何去何从？弗兰克和玛丽把这个问题的回应权留给了时间，而不是自己。

◎ 一只眼睛：两种偏好的假设

其实，玛丽对学校生活抱有很多期待，对学到新知识也充满无限的好奇，对和某个老师或同学成为朋友早已在悄悄地酝酿，进行所有可能的试探。

第二天继续去学校上学的玛丽，开始练习融入班级的能力，虽然还不太习惯隔壁桌的男生投来的善意，但已经不至于恐惧和暴躁。课堂上，玛丽向同学们介绍了自己的猫咪弗雷德，她说她的猫是有史以来最棒的猫，因为不仅它的名字叫弗雷德（智者），而且它只有一只眼睛——它很聪明，但从来没人发现这一点——没人理解它。

弗雷德对于玛丽来说，不仅仅是一只从垃圾桶旁边捡回来的猫，更是她找到的灵魂伙伴，一个和她一样有着强大优势（一只眼睛）的生命，却被通俗的人们看作是一种残缺不全（一只盲眼）的障碍者。

每个人都有两只眼睛，不管是睁开的，还是闭上的，都是生命里无法视而不见的全貌。

在传统思维中，要让一个人的能力有所提升，那么需要找到这个人的缺点、短板、劣势，然后在这个坑里摸爬滚打、垒土填沙，经历各种艰苦卓绝的努力，补足缺陷。这是人们长久以来养成的惯性，甚至已经写在基因里，以应对生存危机与不测。

在优势思维中，想要一个人表现出卓越，那么需要找到这个人的长处、个性、才干，然后在已经擅长的基础上锦上添花、推波助澜，不费力却尽享成就及愉悦地发挥优势。这是我们需要重新养成的新习惯，依旧可以写进基因，成为从生存到生活过渡的资本。

玛丽觉得自己就是"一只眼睛的弗雷德"，拥有强大的天赋优势，却无人问津，得不到认同与赞赏，她想要做一个可以将智慧表现出来的人，却不被人理解。

弗兰克觉得玛丽是"一只盲眼的弗雷德"，拥有天生的"特别"的障碍，需要将其拉回到同龄人的"普通"社交群体中，过一个无忧无虑、简单纯真、快快乐乐的童年，交几个朋友，让盲眼亮起来，就像其他孩子一样。

在弗兰克的核心信念里，玛丽很可能成为群体里的"讨厌鬼"，被抛弃或边缘化，成为无助的对象，"佼佼者"只是一种无关生活的并不实用的光环。

每个孩子的纠结都可以在成长环境中找到恐惧的症结，每个孩子的不安都可以在父母或抚养者那里找到影响的源头。

"弗雷德"不再是一只猫的名字，而是成为一种假设，这种假设在不同的信念里生发出不同的视角、不同的思维以及不同的决策与行为。

玛丽的故事，来自电影《天才少女》，我看过很多次。跟其他让我受益良多的电影一样，每次看我都会有不同的领悟和收获，这就是用电影来架起我们彼此沟通桥梁的意义，这个通道有着某种程度的稳定性，是所有真实案例都无法比拟的。

电影故事可以反复看、随时看，想什么时候去故事里走上一趟，那就打开播放器投入其中再看一回，身临其境；同时它又充满了某种程度的典型性与未知性，每次走进去的时候都会因为生活里自己的境遇、心情、经历的不同而有不同的感受，可能是侧重点的不同，可能是对某个隐喻解读的差异，可能是对角色理解的变化……总之，只要你愿意就可以一直探索下去。

我们每个人的心中都有一个如"弗雷德假设"的信念，都有对自己、对他人、对自己的孩子使用这种信念的偏好，或许是"一只眼睛的弗雷德"，也或许是"一只盲眼的弗雷德"，重点是你有没有盯着哪一只不放，还是你正努力了解事物的全貌。

• 埃舍尔纠结·原地踏步的前进

◎犹豫不决：在未找到路之前

邦尼老师本着对一个孩子成长环境负责的态度，向校长戴维斯女士如实反映了玛丽的情况。校长和邦尼老师一样，认为玛丽很有天赋，认为玛丽需要接受与之匹配的天才学校教育，而不是在目前的普通学校的教育中荒废时光。

校长和老师都更愿意看见"一只眼睛的弗雷德"发挥天赋优势。校长咨询了一所天才教育学院，并申请到全额奖学金，希望帮助玛丽去更适合她的学校，接受与她相匹配的更高阶水平的教育。

舅舅弗兰克却抱着"一只盲眼的弗雷德"的观念不放，希望玛丽拥有普通孩子的童年。当弗兰克听到校长说把玛丽留下来是个错误，"我们根本无法提供她所需要的教育水平"时，竟非常笃定地回复"那就把她教育成一个普通人好了，大家就都满意了"。

想要看到世事的全貌，是理想化的，我们只能用一些方法无限地趋近，却永远无法到达。

电影给我们提供了这样一个趋近全貌的载体，或许比生活还要来得真实。这是我选择用电影和你交流的原因，不是因为故事多完美抑或片子拍得多好看，而是电影还有在满足这些美学需求基础上的可以反复观赏的优势。这种单纯地播放，不会有介入真人世界窥探的尴尬与自我伦理意识的纠结，可以想怎么看就怎么看，想什么时候看就什么时候看，想跟谁一起看就跟谁一起看，除非限制级，一切都是自由的。如果有人说他看了某部作品八百回，那我也是可以选择相信的。

多亏这是一部电影里的故事，让我有机会反复看，暂停看，倒带看，快进看，才得以站在更高处俯视出一种更接近全貌的观察与思考。

在这部电影中，让我更有兴致反反复复关注、觉察的，不是天才女孩玛丽，而是纠结的舅舅弗兰克。

弗兰克，到底经历了怎样的人生，才有了如此捍卫一个孩子童年的执念？却又不全然，他似乎一直都没有找到确定的答案可以说服自己，说服自己充满自信地坚持到底，或者去做其他的选择。他知道守护玛丽的童年是必须做的事，但其他的要不要做，要怎么做，就都不清楚了，用"纠结"这个词形容弗兰克是非常贴切的。

后来，我才领悟到"纠结"是"浪漫"的发生地。

原来，天才女孩玛丽的诞生并不是一种偶然，某种程度上可以说是基因的决定与传承。玛丽的妈妈戴安就是个天才少女，毕业于麻省理工学院，是一名出色的数学家。外祖母伊芙琳也是数学领域的高才生，毕业于剑桥大学，要不是因为结婚，她会一直在实验室从事研究工作。伊芙琳、戴安、玛丽这祖孙三代都是在数学领域具有天赋的人。此刻想想，电影名《天才少女》不单单是指玛丽这个七岁的女孩，也包括生命已逝的戴安，以及青春已逝的伊芙琳。

祖孙三代，伊芙琳、戴安、玛丽——每个女孩都是天才，都有属于自己的需求。

玛丽的母亲戴安死于自杀，在玛丽出生不久，在没能等到弗兰克回来聊聊的绝望里，她选择了放弃生命。弗兰克始终觉得姐姐的离世和自己没能及时回家听她聊聊有分不开的关系。背负着自责与对姐姐自杀不解的弗兰克，抱起年幼的玛丽，放弃原有的生活，远离尘嚣，旅居海边，思考人生。

原来，弗兰克在抚养玛丽之前，在搬到海边修船之前，是波士顿大学的教授，教授的学科是哲学。哲学家善于提出问题，但常常没有明确的答案，这么看来弗兰克确实很"哲学"。提出问题，是弗兰克每天都在做的事，也是他自己给自己设定好的无法停下来的困扰。在抚养玛丽七年之后，他依旧在问题里打转，无法跳出去，更没能站到高处看看，看看自己生活的全貌。

日复一日地思考，成了困扰，也成了习惯，弗兰克在无意识中完成了对此的刻意练习，却浑然不知。

◎外力冲突：契机就摆在眼前

不是每一种习以为常的自己都应该被理所当然地接受，在你并不觉得幸福，并不觉得价值感十足，并不觉得正在为了某种使命奋斗的时候，那就该停下来做另外一种思考——反思——不是从问题出发，而是从自己出发，觉察自己的思考、情绪、想法、行为，仔细地端详自己到底发生了什么，是如何成为如今的样子？然后再问问自己是否对现在的自己满意，满意的内容是什么，不满意的内容是什么？如果想要让自己对自己更满意，那还能做些什么？

打破常规并不难，甚至可以说很容易，难的是找到那个切入点，一个绝佳的契机，如果找不到，那就要看有没有契机来找你，你可以抓住它，绝地重生。有一点是其中的关键，不管是"找到"还是"抓住"，都需要"有意识地反思"这个智慧的基本层作为支撑，否则无论如何都难以达成。

弗兰克在"找到"解决问题的路上走了七年，紧锁的眉头告诉所有人他正负重前行，却也只是"看起来很努力"，可以说他的"吃苦"没有用在对的地方，其实并没有进入"有意识"反思的层面——所有的智慧，均在他看到姐姐戴安自杀死亡的那一刻停止，被无意识地封存，创伤后的应激障碍并没有随着时间的流逝而消退，而是成为弗兰克无法自愈的慢性病，长期的抑郁让他对解决问题这件事选择了无限期的拖延，展示为一种得过且过、不修边幅、与世无争、不问世事的样子。

逃避，是一种选择，却不是一个办法。

主动找到契机的能力，弗兰克已在时间里消磨殆尽。幸运的是，能够改变现状的契机找上了门，从玛丽去学校上学开始，日渐发酵。

关于契机，人们常常有误解，认为契机定会伴随着快乐，是件轻轻松松就可以抓住的事，这种情况不是没有，但不花力气就能改变人生轨迹的概率微乎其微。

常常伴随契机而来的是抉择、痛苦以及撕裂之后的重建，这个重建包括心理、身体、关系、环境，等等。

能够给弗兰克带来身心撕裂感的绝不是老师邦尼小姐和校长戴维斯女士，而是弗兰克和戴安的母亲伊芙琳。

在弗兰克的眼里，伊芙琳是个只按照自己计划行事的妈妈，从来不顾及他和姐姐的感受，特别是对姐姐的管束严格到只允许做学习数学这一件事。戴安没有过其他孩子的成长经历，没看过一场球赛，没去过社区游泳池游泳，没参加过任何一次主题夏令营，就连高中毕业舞会都没能参加。戴安和邻居家的男孩谈恋爱，却被母亲报警说男孩绑架了戴安，并指控男孩，还起诉男孩的父母，直到男孩不再给戴安打电话。

戴安因此而消沉，还有过自杀行为。而母亲在多年之后依旧认为戴安抑郁的经历只是一件小事，她认为成为天才才是女儿要做的事，而不是去谈什么普通女孩的恋爱，除了数学，任何生活细节都不值得拥有。

弗兰克曾向邦尼老师倾吐心声："我的父亲在我 8 岁时去世，我的母亲是个严格的人，在戴安怀孕时就不管戴安了，因为戴安跟男人交往以及怀孕生子都不符合母亲的计划。戴安在玛丽出生后不知如何是好，想找我聊聊，我却没能及时回家，戴安死在了浴室的地上，到底是怎么回事，没人知道，也没法知道了，但我本该知道。"在弗兰克的回忆里，我们可以窥见伊芙琳这位母亲的样子，可以更深层地了解弗兰克内心的挣扎。

弗兰克抚养玛丽的七年时间里，伊芙琳都不曾出现，为什么在这个时刻出现了呢？原来，伊芙琳闻风而至，不是为了探望儿子和外孙女，而是为了抢夺一个天才女孩的抚养权。资助玛丽去天才学校读书，为玛丽提供优质的学习资源与环境，是伊芙琳要做的事。

父母所爱的，可能不是孩子，而是这个孩子的才华所能带来的殊荣。

伊芙琳认为自己是个有才华的人，为了结婚放弃了工作，但让她为之付出的婚姻并没有给她带来预期的幸福。丈夫早早离世，自己满怀希望地将一对儿女养大，特别是戴安，那么有数学天赋，可女儿最终却不如自己所期待的那样给自己带来荣耀，偷偷恋爱、产子、自杀，儿子则人生失败。她失望透了，将自己所有不幸的感受都归罪于当初对婚姻的选择。

多年以后，那个将生命重来的假设依旧在她的内心上演，如果自己没有离开研究领域持续工作到现在会是什么样子？如果女儿解出了纳维耶斯托克斯方程，作为有史以来最出色的数学家的母亲，自己会是什么样子？如果还有机会可以重来，自己会是什么样子？

曾经的伊芙琳假设自己女儿、儿子能够帮助自己实现生命价值，如今假设自己的外孙女可以帮助自己实现活着的意义。正如伊芙琳在法庭上的铿锵陈词："如果我再养第三个孩子，那么我一定会进入名人堂。"对于伊芙琳来说，玛丽就是她想要的第三个孩子，是她重燃生命意义的契机。

伊芙琳将自己的儿子告上法庭，对簿公堂，苛刻地指责弗兰克不具备抚养玛丽的资格，生活的住所到处是蟑螂，连电脑和钢琴都无法给孩子提供。伊芙琳认为儿子弗兰克的人生很失败，女儿戴安自杀了，所以两个孩子都不怎么样，而外孙女玛丽是她新的希望。伊芙琳斗志昂扬，自己无法获得抚养权，那就争取探视权；请出玛丽的生父来替她争夺抚养权不成，那就再跟踪寄养家庭，并带着数学专家团跑到寄养家庭去给玛丽开小灶，教授数学。不达目的不罢休的伊芙琳，完全不顾及儿子和外孙女的感受，在她创造的契机里只包含她自己的一厢情愿。

伊芙琳的目标是助推玛丽的成功，最大的恐惧是又一个天才陨落；弗兰克的目标是守护玛丽的幸福，最大的恐惧是毁掉玛丽的童年。伊芙琳对生命意义的解读是成就，弗兰克对生命意义的诠释是人生，一个强调结果，一个看重过程。

关于"契机"，弗兰克既没有"找到"也没有"抓住"的时候，伊芙琳却更胜一筹地发挥着创造优势，将契机摆在了弗兰克面前。

◎代际纠缠：接近事物的全貌

母子二人的关系如同物理学中量子纠缠的概念，无法单独拆分，而是相互作用，这成为玛丽人生的整体环境，只是在未找到路径之前，不得不存在于"埃舍尔空间"，一个既有平行又有交织的非现实空间,每一处所谓的成立都是以割裂整体为代价的局部,充满矛盾,充满探索,充满焦虑——唯一可以确定的是,在这样的空间里,无法真正地前进,只能在属于自己的局部里原地踏步。

电影故事里的三代天才少女,第一代固执到老,第二代抑郁离世,第三代还未长大。她们正如"弗雷德假设"的隐喻,都只看到一只眼睛,无论是哪一只,都看得不太周全;她们都如"埃舍尔空间"的画中人,都有各自独立的空间,都无法做到彼此间真正地联通与交往。

而弗兰克,则是那个想要打破"埃舍尔空间"的思考者、纠结者,已经无法继续原地踏步,危机已然成为契机,改变正在悄然发生,每个人也正在无法孤立的纠缠中,一步步接近事物的全貌。

• 莫比乌斯环 · 自以为是的信念

◎理解：你和孩子都有属于自己的独立世界

哲学里有一个观点：我们生活在两个不同的世界，即双重世界。

一个世界是不会因你的意志而转移，由物质、事件和他人组成的世界。

另一个世界是因你的意志而转移，由你的个人意识、感受和知觉所构成的世界。

心理学家 R.D. 莱恩（R.D.Laing）曾说"你的世界只有一组足迹"。这句话意在强调我们虽与他人共同拥有上面所说的第一个世界（整个世界），但我们却不会跟任何人真正共享第二个世界（自我世界）。

意识到"自我世界"和"整个世界"的区别，是个人身份认同的重要发展阶段。

如果你恰巧有一个孩子，你会更容易理解两个世界的区别与发展。人类对两个世界的"有意识"是从婴儿期模糊开始的，在儿童期逐渐清晰，在青春期更强调自我。成人随着年龄的增长，会在保持自我的同时越来越融入整个世界。

成人，常误以为自己完成了这种关于"自我世界"和"整个世界"的进化，以为自己已经将二者的差别与边界拿捏得恰到好处，但事实是——很多很多人，活了一辈子，还傻傻分不清楚，电影故事里的伊芙琳便是如此。或者说，伊芙琳的意识更为扭曲，她明明知道自己和女儿分属不同的独立世界，却非要强硬地"扯着"女儿的世界做 180 度翻转，来和自己的世界对接、捆绑，形成"莫比乌斯环"式的单侧曲面。于是，女儿原本独立的那一面消失了，连同生命。

能分清楚或者分不清楚的关键在于"意识"。我们的思维分两种，一种有意识，一种无意识。而意识还有另一个含义，即"理解"。这也正是随着人类的成长，经过不断总结、反思所有的经历而发展出来的思维模式。你的理解能力越强，你的意识越强大，你的心智水平就越卓著。

这种卓著的表现是：你能够做到站在自己（自我世界）的外部看自己，你能够站在他人（整个世界）的内部看他人——这就是"理解"的终极意义——跳出自己的头脑，理解自己，对自己有意识；走进他人的内心，理解他人，对他人有意识。

可我们绝大多数时候都是在无意识里度过的，没有试图好好理解自己，也没有试图好好理解世界。电影故事里的弗兰克就是这个绝大多数时候的绝大多数人正在自己为自己搭建的困境中挣扎的形象投射。

孩子的出现，给了我们重塑意识的契机。孩子就像一面镜子，照出了我们所有的美丑、善恶、成长抑或退缩、勇敢抑或怯懦。我们原本独立的、充满个性的、封闭的门，因为孩子的出现而轰然打开，不管你准备好了没有，你都要接受两个世界的对接，还有时不时地串个门儿的需求，即便你不想走动，但孩子会非常信任你、爱你，摇摇晃晃地奔赴于你，你不再是你，而是孩子的"整个世界"的组成要素，你可以理解一声哭是渴了，两声喊是饿了，你可以理解其他人都听不懂的火星语说的是"小羊肖恩",而不是"牧羊犬比泽尔"……后来,你忘记了自己有关门的技能,从呵护变成了侵犯,却还把着门框不撒手。就像伊芙琳,就像弗兰克,却并不自知。

我带领前来学习的父母进行的第一步练习往往是自我关怀,从看见自己、了解自己到理解自己。这听起来容易,却是个令人为难的开端,因为绝大多数人都没有正眼瞧过自己,包括电影里的母亲伊芙琳。

我们需要意识到,我们每个人都有两个平行的世界,在这两个平行的世界之间,有一扇可以滑动的门,开门和关门的技能都同等重要,关门的勇气与开门的喜悦,都是生命的滋养。

重要的是,在两个世界之间,建一座你和孩子都认同的滑动门。

如果你的大门常打开,那就要建立关门的意识,回到自我世界好好修行;如果你的世界常常闭门不开,那就要建立开门的意识,走出去欣赏与拥抱整个世界的美好——我们需要的不是一直停留在哪一端,而是要进阶到可以随时切换时空的形态,掌控开门与关门的节奏,把握输出与输入的平衡,调整给予与得到的尺度。

如果你太用力,很可能会犯错,偏执地在门内自闭郁闷(如弗兰克)或跑到他人世界里横行霸道(如伊芙琳);如果你不用力,很可能会放弃,在无望中堕入虚空,成为不存在的存在,就像戴安的活着抑或死去。

我们需要意识到,我们要时刻保持觉醒,让每个行为都在两个世界的专注与放松之间达到完美的平衡。同时,我们还需要意识到,我们的孩子也需要这样的意识和能力,只有我们做到了,才能影响到孩子的世界。教育的显性成效,只能用影响来实现,而无法用告知来完成。

你的世界确只有一串足迹，但你的身旁还可以有很多串脚印，或大或小，或深或浅，来自每个重要家人的彼此理解、携手同行与幸福品味。知识、技能、应用、价值、意义，都分属不同的能力范畴。不是有了知识就一定有技能，不是有了技能就一定知道用它来做什么，不是懂得了如何在日常生活中应用就一定能明确它在生命中的意义与价值。

在伊芙琳与弗兰克胶着对峙的过程里，七岁的玛丽却看得分明，她说："我喜欢伊芙琳，她长得很像我妈妈，家里还有钢琴，可我不想跟她一起住，她太专横了。""弗兰克是个好人，他爱我，因为他在我展现出数学天赋前就照顾我了。"

弗兰克想让玛丽如其他孩子一般无忧无虑地过着普通的童年，伊芙琳想让玛丽担负起人类文明进步的使命即刻进入科研生活。伊芙琳对于玛丽人生的介入，让弗兰克进入了反思状态。弗兰克的常规终于被打破，他举着修船用的零件提出了一个新问题："我不知道哪个更错，是该换个新的，还是该把原有的修好。谁会去设计明知道会出问题的东西？肯定是犯了某个错误或者是没有觉察到。"

当弗兰克发现玛丽的寄养家庭把玛丽所爱的猫咪弗雷德丢弃的时候，他知道自己必须勇敢地面对他和母亲的关系里曾经的破损、僵化、错位等问题，然后去把原本的生活修好——弗雷德是天赋与劣势的同体，也是爱与被爱的载体，怎么可以丢弃？

弗兰克终于可以向自己的母亲宣告内心的决定："我要让玛丽回到我身边，我要继续陪伴她成长。"他终于可以自信地向玛丽公布自己觉醒的信念："玛丽，我以为我对你不够好，接着我想明白了，如果玛丽这么棒，这么聪明，这么体贴，那说明我做的肯定是对的。"

伊芙琳并没有觉醒，但有一个消息足以令她震惊。弗兰克拿着姐姐戴安的手稿，告诉母亲："我要带玛丽一起生活，按照戴安的愿望。我意识到玛丽的非凡，如果爱因斯坦能够骑车，那么玛丽也行。""戴安早就解出了纳维耶斯托克斯方程，并清楚地明示我，只有在死后才能发表。"伊芙琳质疑地说："戴安在六年前就死了。"弗兰克紧紧地盯着母亲的眼睛回复："不是说她死了。"这时的伊芙琳才恍然大悟："等我死吗？"

以死相抗，不是针锋相对，而是无奈之举，因为只有死才是戴安可以自由选择的一件事，戴安宁愿自己的成果不被公开也不愿让自己成为母亲满足私欲的工具。内心的痛与挣扎，无助与失落，都不再期待理解与包容，"无望"是戴安生命里最后的答案。伊芙琳这样的母亲，在生活中亦比比皆是。

曾经，有个读初一的女孩在遗书中写道："人生一趟，遇见你们我很荣幸，若有来生，我们不要再见面了。你们爱的不是我，是冲进班级前十名的我，是排进年级前二十名的我，是考到满分的我，你们心目中的女儿太优秀，我达不到。开学就是初二了，你们口中的美好小学、轻松预备、快乐初一，都是我玩命扛下来的，哪还敢奢望什么魔鬼初二、初三……毁掉一个人很简单，只需要毁掉她的童年……请收起这种伤害吧，这并不威风。你们把我们想得太坚强了，反省这件事就留给岁月好了。"

这个放弃生命的女孩又何尝不是其他家长心目中的天才少女，班级前十名的成绩已经足够显赫，但爱并没有参与其中，如同戴安的失落与无助一样，遗憾终生，至死不得。"优秀"是对父母需求的满足，"忧伤"只有自己独自面对。

"毁掉一个人很简单，只需要毁掉她的童年。"

戴安的童年被毁了，所有人都付出了代价，却没有换来母亲的反省。弗兰克认领了反省的使命,在他抱起玛丽决定抚养她的那一刻开始,保卫一个孩子的童年,成为弗兰克生命里最具意义的选择。

死是生命的一部分,我们每个人都需要以敬畏之心对之。生是爱与被爱的重要组成,当爱不在了,生也就没有了意义。对于以死的方式逃离生的痛苦的孩子来说,都源于同样的核心信念"没有希望"。他们经历了太多次努力,却都以无望收场。父母没能在他们的生活里完成"父母的使命",去引导他们看见自身与生俱来的能量,看见自己正在为自己活的真实,看见未来可以活成自己想要的样子的能力,取而代之的是父母的"内卷"、虚荣、攀比、物欲横流、自以为是。如此,他们又怎能健康、快乐、幸福地活下去?

◎重构:你和孩子的世界都正等着你去拯救

这个世界是需要有人来拯救的,每个人都有拯救他人与自救的潜能,但不是每个人都有让潜能觉醒的力量。

伊芙琳、戴安、玛丽,三代天才少女,每一代都付出了属于自己的代价,她们天赋异禀,却都没有得到更多、更丰盈的爱与被爱的滋养。幸运的是,这个家族里不仅有代代相传的天才少女,还有弗兰克这样的智慧男孩。虽然历经了漫长的岁月,但他也终于等来了觉醒的时刻——曾经的迷茫成为人生历程里重要的财富,在完善认知的路上积淀成丰厚的资本,这是智慧形成前的暧昧与浪漫,只有经受住考验的人方能修成正果。

弗兰克想要帮助母亲,将戴安的研究成果交给母亲,请她完成证明和发表的工作;弗兰克想要帮助戴安,继续带着玛丽生活,尊重戴安的遗愿,让玛丽过上一个普通孩子的童年;弗兰克想要帮助玛丽，发挥一个孩子的天赋不一定要送到天才学校，也可以创造新方法，上午将玛丽送到一所大学上专业课程，下午将玛丽接回来到原本的普通小学上孩子的课程。

该修好的修好，该换新的换新。

最重要的是，弗兰克在帮助三位天才少女之前，先帮助了自己，让自己不再停留在思考的维度，而是晋升到创造与行动的维度，力量则来自爱与希望、感恩与宽恕。

"弗雷德假设"不再是无解的混沌，而是可以同步接纳与发展的生活。

生命的蓬勃，不是被动感知的过程，而是勇敢选择的过程。在这个过程里，没有牺牲的痛苦，没有勉强的欢颜，而是恰到好处地带来了力量，一种有意识选择的强大的力量。

艾尔弗雷德·诺思·怀特海（Alfred North Whitehead）曾在《教育的目的》中表达过一个观点："一所大学的理想，不是知识，而是力量。"那么，在一个孩子真正长大读大学之前呢？我想，每一个父亲或母亲都是一所有形与无形同在的大学，一所足以给予孩子汲取人生能量的殿堂——盛大、磅礴、雍容、典雅、温暖、富足——同样的，母亲抑或父亲的理想，不是知识，而是力量，或者换个角度说，一个理想的母亲或父亲，会用足够的力量去影响孩子的认知，而不是用丰富的知识去浇灌孩子的成长。

先拥有拯救"自我世界"的能力，才能释放更大的潜能去拯救"整个世界"。

如果你想要教出懂得感恩的孩子，那么你就要做一个感恩孩子的母亲，就像我每天给我的小孩写感恩清单，我的儿子不一定细读我每天写的每个字，但他能看到我每天都在书写的坚持，他能感受到我每天怀揣感恩之心的相处，他能从我的言语与行为间接收到我正在感恩的力量。于是,我的小孩也常常感恩,越来越会看见他人的善意、优势与成就。

如果你想要教出会坚持的孩子,那么你就要做到为某件事付出所有努力的行为,就像我每天给我的小孩讲睡前故事,一讲就是15年,从孩子还没出生一直讲到了现在。我的儿子在8岁的时候完成了365天写生365幅画的行为,在苏州美术馆做行为展时,他向所有参观者强调的一句话是"我的展览不是画展,这是我一年365天的行为展",他知道他收获的是比那些画更重要的坚持的力量。

深入浅出地讲道理(希望孩子马上明白),化繁为简地设目标(希望孩子马上达成),去冗求精地做规划(希望孩子执行计划),重利弃义地奔前程(希望孩子得到物质)。从生存的角度讲,这是一种精致的生存之道,无限地缩小范围达到了足够可控的程度,充满安全感;可是从教育的本质来看,从生命繁衍的使命来看,从孩子成长的发展来看,从国家与民族的命运来看,这又何尝不是一种随波逐流的歧途。"多快好省"不仅退出了经济、政治与文化的舞台,也正在退出,也必将退出家庭教育、学校教育与社会教育的舞台。

你是耐得住性子守护生命成长的历程,等待森林的崛起,还是迫不及待地把眼前的好树苗打造成马上能用的柜子?我想,每个人心中都有答案。

◎循环:你和孩子的成长都在走向成功的路上

每个孩子出生时都具备强大的基础设置,婴儿期就能够思考并获得信念,学习并获得认知,就能够记得过去发生的事情,就能够预测未来将要发生的事情。根据心理学的认知发展理论，我们知道他们的世界并不简单，并不局限，但可能相对抽象。

成长，就是在一堆抽象的原始基因代码中不断重新编程的过程，在这个过程里实现着智能的发展与显现，而父母的力量所带来的影响，则是孩子重新编程的起点。

我们需要了解，孩子智能的发展是有节奏的，就像怀特海为此提出的三个阶段：浪漫（romance）阶段、精确（precision）阶段、综合（generalisation）运用阶段。

浪漫阶段，开始有所领悟，兴奋、单纯，在事实中不受系统程序支配地认知，具有广泛且普遍的模糊性；精确阶段，已经有了一定的知识积累，在模糊认知的基础之上逐渐条理化、系统化，对一般的事实作出揭示和分析；综合运用阶段，是对理论的综合，是在增加了分类概念和有关技能之后对浪漫的回归，这是精确训练的目的，是带来成就感的最后的成功；最后，则是三个阶段循环的过程，持续不断地重复，也就是真正的教育该做的事——鼓励每个孩子"从成功走向成功"，即有意识总结具有里程碑意义的事件的经验，推动更多成功事件的发生。

以上关于人类智能发展的四个层次就像大自然的四季，每一季都有不同的意义，缺一不可，而轮回就是成长的标记。

是的，我想强调的不是"精确"，而是"浪漫"。我们的世界里并不缺少伊芙琳式的"精确"教育——这种按照父母的需求进行的教育；我们的生活里并不常见的恰恰是弗兰克式的"浪漫"陪伴与等待，这种按照孩子的需求进行的养育。

生命的意义就是写故事，每棵树都在四季的轮回里遇见所需的环境与成长的自己，我们需要做的是提供合适的环境，在合适的季节，收获合适的故事。

教育家肯·罗宾逊（Ken Robinson）曾在《什么是最好的教育》中写道：如果你同意马斯洛需求层次金字塔所暗示的五个角色，那么，作为父母承担起满足这些需求的责任就充满了复杂性。我们需要为孩子提供生活所需；我们需要保障孩子的人身安全；我们需要给孩子爱和归属感；我们需要培养孩子的自尊；我们需要帮助孩子自我实现，还有超越自我。"你所能做的就是为孩子的成长创造最好的条件和机会，这就是你的责任。"

教育是件复杂的事，而"浪漫"是孩子蓬勃发展的起点，就像让一棵树开始萌芽生长的一定是春天。

"随身携带地图是一回事，有人给你指路则完全是另一回事。"更多时候，你需要的不是随身携带的地图，而是能够幸运地遇到可以为你指路的人。

我在这本书里指了一条只属于你自己的路，所有的文字都是我宣读的引导语，而路的样子在你的心里，在你的大脑里，在你的行动里，我既看不到也摸不着，但我确信它的存在。

我们每个家庭都需要弗兰克（父母）这样的觉醒者，珍爱弗雷德（孩子）的每一只眼睛，尊重天赋，尊重童年，尊重生命。

百年教育这个说法，给你的感受是怎样的？是不是觉得距离自己很遥远？可是看看弗兰克的觉醒，你就可以知道一件事——百年教育就在身边上演，我们每个人都可以成为百年教育的中流砥柱、核心人物，都可以在恰当的时刻抓住变革的契机，改变几代人留给这个世界的意义与价值。这是一个你必须看见的事实，百年教育的核心不是别人，而是你自己，你正在完成一个属于自己的百年教育，在这个教育体系中包括你的父母、你的兄弟姐妹、你的后代以及后代的后代，他们都与你有关。

我看这部电影的时候曾给过自己一个假设，假设伊芙琳是我要帮助的母亲，我该如何引导她学会自我关怀？我想，我会把这本书送给她,从"浪漫"的影响开始。

因为在这个世界上,未知才是最美好的事。

认知练习

平衡之花

一

请学会看见孩子的需求

「思考」回顾一个在养育孩子的过程中曾经困扰你的选择:

1. 尽可能详细地回顾相关的矛盾与冲突的细节。

2. 辨识一下,当时的自己正在满足"自己的需求"还是"孩子的需求"。

3. 此刻的你,认为这个练习带给自己哪些影响?

4. 如果类似事件再次发生,你会如何做选择并付出怎样的行动?

「行动」请把以上的思考写下来。

9

超级礼物：启动馈赠的使命

"我唯一能做的，就是什么都不给你。"

• 定义礼物：唤醒自己会提问的能力

◎发现真相

"当你一无所有的时候，你的人生才真正开始。"

这是电影《超级礼物》（The Ultimate Gift）中，过世的富翁爷爷霍华德·宏·斯蒂文斯留给孙子杰森·斯蒂文斯的临终遗言——霍华德在生前录制了一系列视频，委托自己的律师严格按照他的要求逐一播放给杰森，并留言说："杰森，在我的家人中，我觉得你是受伤害最深的那个。作为补偿，我唯一能做的，就是什么都不给你。暂时什么都不给你。这件事，我考虑了很久，我要给你什么东西，才不会像毁掉你的叔叔和其他孩子那样毁掉你。我想，我要给你一份礼物，一系列的礼物，最后的礼物，我称其为'终极礼物'。一旦失败，你就会前功尽弃，什么都得不到。"

"作为补偿，我唯一能做的，就是什么都不给你。"

爷爷是石油大亨，坐拥这个世界上的顶级财富、人脉与资源，却一边说要给孙子补偿，又一边说什么都不给，到底为什么需要对孙子进行补偿，又到底留下来的是怎样的一份礼物？既然是有礼物的，那为什么又说什么都不给呢？

此刻的你，能想明白吗？他的孙子也想不明白，杰森认为这是爷爷什么都不想留给自己的骗局与谎言——在杰森的意识里，爷爷只是个以到处捐赠为手段来博取名声的虚伪之人，是根本不爱自己的人，那么留给自己的"礼物"也不过是个冠冕堂皇的亲情装饰品，必定不是什么值得期待的东西。

我们绝大多数人，都不是什么超级富翁，但我们还是会惦记着给我们的子孙后代留下些什么，作为爱与责任的给予，将其视为一种财富的流传——可是"给什么才好""怎么给才好"，常常是我们终生都在探索的事，不到最后时刻永远都没有定论。

杰森的爷爷虽然是亿万富豪，但和我们一样纠结着，到底什么才是可以留给孩子的最好的礼物，这是个谁都逃不过的人生重大议题。霍华德所说的"终极礼物"是怎样的一份礼物？我想，不是"贫穷限制了我们的想象"，而是霍华德透露的信息里传递着一种神秘，这种神秘不是我们面对一个富庶的人无法猜测他留下多少钱的那个数字那么简单，而是有着意味深长的、有关爱与责任的思考与深度。

霍华德曾经以为给钱是自己表达爱的方式，他也是这样做的，每次和儿女的见面都只是儿女伸手要钱与他掏口袋给钱的互动，他以为儿女很开心，他以为自己很有用，可他不知道的是儿女在一天天与日俱增的冷漠里酝酿着对父亲的不屑与憎恨。

当生命的尽头就在眼前，霍华德回顾自己的人生，一切的奋斗、财富、名声都已经烟消云散，唯一让他无法割舍的竟是他曾经投入最少的亲情，终了时刻的醒悟里带着忏悔，他发现坑害儿孙的不是别人，正是自己。霍华德是个行动派，即便将死也并不会就此投降，他想在生命的最后时刻做这辈子最有意义的事，可能会失败，但也可能因此给后代留下真正的财富，给自己重新调整教育行为的机会——能不能亲眼看见已经不重要，重要的是自己有没有做些什么，接下来还可以做到些什么。

关于教育的真谛与本质，不是教会孩子某个领域的知识或概念，不是教会孩子某项技能的步骤或要领，而是教会孩子掌握学习的方法，能够将洞察力和关联力整合为属于自己的系统，形成深刻的认知——不管这个教育的层面是在家庭内部，抑或学校系统，又或者社会里的任何组织，都同样地适用。

我们需要做的是，常常说服自己，接纳学习的真相：我们无法教会一个孩子概念、道理与逻辑，那些都是需要孩子自己去发现的。

什么是可以送给孩子的真正礼物？绝不是某个愉悦的时刻，而是可以受益整个人生的财富？

没人能告诉杰森礼物的样子，就连爷爷自己也不知道杰森能收获怎样的礼物，甚至连能不能收获礼物都不知道，所有相关的人都一样——想要知道答案，就要迎接挑战——没有游戏攻略，没有前辈的经验，没有蛛丝马迹，唯一能够推动事件发展的动力来自行动；无法算计得失，无法衡量成败，无法寻求帮助，唯一能够揭开礼物面纱的可能，来自投入。

原来，霍华德设置了一系列挑战，而挑战本身就是礼物，它包括：工作的滋味、金钱的价值、纯粹的友情、学习的能力、窘境的苦难、美好的亲情、给他人快乐的能力、找到自己的梦想、度过珍视的一天，以及学会爱。如果杰森都能逐一达成挑战，那么他就获得了超级礼物，也就是终极的、根本的、极限的、最后的礼物，而这些礼物正是爷爷认为的生命中最宝贵的东西，是值得流传后世的真正财富。

礼物，即挑战。

◎跳出误区

我们身为父母,即便活着,又有谁能完全预测到孩子每项生活挑战的体验与结局?更不要说离开这个世界的时候。

起初,在孩子还小的时候,我们每天都能够做到给予期待,之后在或长或短的时间里耐心守候,当有了成长,我们会继续下一个期待,在始终处于上升状态的希望与达成的螺旋中,一圈圈更迭,一轮轮收获,一层层获得喜悦。而后,却是随着孩子年龄的增长,我们的期待开始一年不如一年的懈怠,呈现的状态常常令人沮丧。不是因为孩子变了,而是我们不再如从前那么愿意等待未知的到来。

父母的期待,原本是没有预设的,起初连孩子翻个身都觉得是看到了世界奇迹,可是随着孩子学会的东西越多,父母的预设越精确,完全忘记了惊喜之所以降临,是因为不期而遇的心态存在。

当我们的付出越多,我们的期待也越复杂,想要的回报也越细腻;当孩子的成长越快,孩子关注的内容也更广袤,想要实现的是与整个世界的连接,而不再是窝在"父母是天"的小家里。于是,我们的心里翻江倒海地涌现出"青春期""叛逆""不懂事""白养了"等等的思维泡沫,这种负性的思维来源于我们的养育习惯,那就是每有付出必有回报。

这个回报,不是你想让孩子为你做什么事来反馈自己的付出,而是你在守着孩子达成自己的预期作为生命的补偿。之所以说是补偿,是因为父母把这样的回报当作理所当然,是一种自从我生养了你就存在的应该有的回报,如果这个回报没有出现,那么孩子你就是欠我的。在这样的逻辑里,孩子还什么都没做,就已经出错了。

我们想要孩子会说话，于是一遍遍地教，孩子学会了，预期达成；我们想要孩子学走路，于是一次次地陪练，孩子不仅会走，还能跑了，预期达成；我们想要孩子懂礼貌，于是遇人就说"快，喊爷爷好！""说阿姨再见！"孩子照做了，在他人面前有面子了，预期达成；我们想要孩子有良好的学业表现，于是报各种培训班、找各种老师，孩子的反应不重要，关键是学校的老师不来找家长啦，在别人看来父母努力啦，预期达成……

预期—达成—奖赏，父母将这样具有奖赏感的回路深深刻入了神经记忆，在生活里周而复始地循环使用，大脑则因为已有经验，只要期待出现就能感受到随之会来的"达成"快感，于是父母成了期待"奖赏"的载体。

那么，什么是推动这个习惯形成的"渴求"呢？可能是你以为的会说话、会走路、成绩好、习惯好或者其他什么的各种"达成"，你会强烈地认为唯有达成才能获得奖赏，这就是上面所说的你想要的回报，不是别的什么，而是你自己的快感，一种通过孩子达成自己预期所获得的快感。

误区是：我们预设出一个精确的样子，然后等待对应答案的出现；似乎预设本身就是一种伟大的付出，如果没有得到想要的回报，那么就是养育的损失，甚至被定义为整个人生的惨败。

说到这里，你会发现养育过程并没有自己想象的那么无私与伟大，只是你在执行一个连自己都没有意识到的神经习惯程序，都是我们成人强制塞给孩子的高高在上的所谓的牺牲与付出。而实际上是，我们正在通过养育孩子这个路径来实现自己想要得到的快乐，满足自己的渴求，却因此让孩子陪同我们一起沦为了载体。从基因学的理论讲，我们都是基因的完美容器；从脑科学的角度讲，我们保留了某个神经突触，并在奖赏的诱惑下不经意间完成了刻意练习而使其强大；从心理学的研究来看，我们都在寻求安全感的最优解，一旦实现过，尝过甜头，便把它当作了理所当然的舒适港湾。这是人性使然，完全可以大方地承认，我们养育的到底是孩子，还是为人父母的自己，这是个值得思考的事。

曾有个母亲想要来上我的父母成长课，她说她的目标就是要让孩子听话。我问她，能解释一下吗？她说："女儿小学的时候还好好的，特别乖，我们关系特别好，谁知道一到初中就变了，完全不一样了。怎么能变得这么不听话了呢？我什么都做得好好的，我特别重视教育，我也看过很多书，也知道要和孩子做朋友。我都做了呀，可女儿根本不理我，心情好了哼一声都是赏赐，不高兴了根本连一个表情都不给我。这我哪受得了啊！"此刻，我想你也已经听明白了，这位母亲的"预期"还是原来的预期，而女儿的"达成"消失了，自己设计好的"奖赏"无法出现，她正处在极度失落中。

因为预期的瘾已经存在，所以孩子进入独立人格觉醒的青春期后出现的种种"不达成"，都会成为父母失落的来源——"渴求"还在啊，而"奖赏"却不见了。受不了，是因为瘾太大。想上课，是因为想找"药"。这款药也在这位母亲的"预期"之内，她认为上课可以学到调教女儿的方法，这样"奖赏"就回来了，内心的"渴求"也就会得到满足，那么自己就快乐了。

其实，这些都是潜意识的自我指挥，你看见的只是你想看见的，你听见的只是你想听见的，你感受的只是你想感受的——核心信念为你提供了一个你以为的全世界。

霍华德爷爷曾经很在意自己预期的达成，在意到听不见儿子内心的需求，固执地要求杰森的父亲放弃志趣来继承自己的石油事业。但杰森的父亲没有选择"听话"，而是在冲动的情绪里选择了"叛逆"，坐上了不该坐的飞机，命丧丛林。霍华德对儿子所有的忏悔，都写进了给孙子的信里，却没能挽回爷孙情感的弥合。

临终前的霍华德放下了自私的渴求，不再预期得到孙子的原谅，也并不预期孙子能收到所有礼物，而是做好了杰森什么都得不到的准备。霍华德学会了说服自己，学会了接纳成长的真相，学会了用欣赏的心等待孩子自己去发现。

跳出误区：很简单，启动新回路，代替旧回路。前提是放下自私的渴求，让改变自己发生；方法是放下达成的执念，让孩子自己发现；奖赏是成为心智化父母，让成就自己绽放。

霍华德的礼物开关，不再是某个具体的答案，而是变成了可能的体验。这个礼物的实现要素有两个，一个是创建启动开关和奖赏，一个是付出行动——启动开关已经有了，爷爷设计周密，是个带领者、辅导者，负责提出问题；付出行动，则需要杰森的投入，杰森是那个解题者，负责获得奖赏，也就是礼物。

◎提出问题

伯特兰·罗素曾说："对于哲学来说，重要的不是给出的答案，而是提出的问题。"从这个角度讲，养育行为本身就是一场哲学探索。

我们需要做的不是给答案，而是在适当的契机提出适当的问题。

你正阅读的这本书，我给阅读者和写作者，也就是你和我，设定了同一个角色——"唤醒者"。文字里从来没有什么答案；你能够做到的是，要么被我的文字唤醒，要么被自己的意识唤醒；至于每个电影里的故事，都是为了帮助我们学会跳出自己看自己的技能。可以说，我和霍华德一样，想要给予相遇的人以礼物，但这份礼物你能拿到与否、能拿到多少，都是个谜。

我曾在工作、家庭、自我等维度完全无法平衡的时刻，向自己提出问题：请问，你这一生最重要的使命是什么？

我在偌大的纸上写下的是"成为母亲"，那一刻，我不禁沾沾自喜，还好，我不是"一无所有"。这个"成为"，不是生了一个孩子所带来的生理关系的发生，而是在与孩子共同成长的时空里的历程。无论你平时拥有多少东西，如果你写不出生命中最重要的使命，那么你必须面对"一无所有"的事实，并开始思考对自己来说值得全力以赴的到底是什么。

余华曾说："最初我们来到这个世界，是因为不得不来；最终我们离开这个世界，是因为不得不走。"那活着呢？如果也是不得不活，还不如找到那个使命，全心全意地活——来时，我们可以坦然地说我不知道这个世界有过什么；走时，我们可以坦然地说我知道我为这个世界留下过什么。来亦来了，走亦走了，来去之间的生命，是我们可以创造的财富，是我们能够留下的价值。

故事，无法跟着我们的哭声一同呱呱坠地，但会在我们走时成为可以被流传的礼物。

• 创造礼物：永不放弃的感恩之旅

◎放下"执念"

执念，追求的是唯一的路；意念，选择的是更多可能。

如果你追着一件事不放，可能是美好的意念，也可能是糟糕的执念。霍华德爷爷之所以不再预设答案，是因为他完成了从执念到意念的转换。

每个执念都有开端。霍华德的父亲曾愤怒地对他说："你记住了，小子，你不会有钱的。你只会成为一种人，那就是下等人。我的父亲就是这样教我的，我也只能这样教你。"可是，霍华德内心的声音拼了命地也要跳出来："谁说只能这样？""我就不信我是个穷命！""我知道，有机会正在等我。"于是，霍华德留下一封信，背起行囊，离家出走，不是为了赌气，而是为了完成自己和父亲对抗时说出的豪言壮语——"总有一天，我会成为亿万富翁。"

原本，这是一场青春期里最盛大的成长，一次必须执行的、有益的叛逆——独立人格的觉醒，让霍华德意识到自己可以成为和祖父、父亲以及整个家族的人都不同的人——他指着报纸对自己心爱的姑娘说"我要成为安德鲁·卡内基这样的人，不上学也能成为亿万富翁，我要去实现梦想，一刻都不能耽搁"，所以他放弃了学业；他在日本偷袭珍珠港后又对爱人说"我要去参军，尽管我只有15岁，但我此刻不去争取，又怎么能配得上拥有自己想要的东西"，于是他放下了爱情；后来，他终于如愿地在自己的土地上挖出了石油，拥有了蒸蒸日上的事业。他需要应对的工作越来越忙，需要联络的客户越来越多；爱人还是当年的那个姑娘，却再无情感与言语的交集，越来越陌生；孩子们一天天长大，却越来越疏离。

可是，霍华德成为亿万富翁的梦想还没有实现，他不能停下来，他要继续干下去。要实现精炼厂收购案的霍华德，撇下圣诞节前会回家的承诺，孤注一掷地等待签约时刻的到来，他知道这是一场关乎事业升级的赌注，再一次没人能阻拦他对梦想坚守的固执己见。此刻的家人，虽有失落，但也早有预料，所有人都了解一个事实，霍华德最爱的不是他们任何人，也不是他自己，而是那个亟待实现的梦想。

霍华德终于在圣诞节的当天等来了收购合约，登上了报纸头条，成为亿万富翁，却发现自己完全没感觉。霍华德意识到年过不惑的自己，生活是失败的，虽然实现了成为亿万富翁的诺言，却付出了无法挽回的代价——孩子已经在金钱至上的环境里成了纨绔子弟，妻子已经在自己冷漠的相处模式中承受着无助与彷徨，不离不弃帮助自己事业发展的好友汉密尔顿正躺在医院里等待肾源来挽救生命。

霍华德坐在好友的病床前，被沮丧与迷茫的氤氲吞噬，回想自己曾偏执地认为"所有问题，都是钱的问题"是多么可笑，再多的钱也无法为好友快速找到匹配的肾源，原来"不是所有问题都能用钱解决"。成为亿万富翁，只是成为不同的人的手段与梦想达成的载体，是个人生里的小目标，虽然看起来复杂而庞大，也足够震撼，但终究不是那个要流传给后代的真正财富。

每个人都可以决定，在自己的故事里，什么存在，什么不存在。

◎选择"感恩"

霍华德再次拿出几十年不离身的日志本,翻看记录的过往,回归生命历程的初心,原来自己只顾着向前逐梦,把所有的成功与他人的帮助都当作了理所当然,忘记了品味,忘却了感恩,人生中每一次重要的收获,那些曾经收到过的信任、鼓励、期待、支持、赞赏、点拨、幸运……无一例外,都是自己值得珍藏的财富。

"品味"与"感恩"虽是两件事,却常常同时发生。当你怀有感恩之心,品味就开始了,你会收获生命意义的拥有感,进而推动自己更有动力地去探寻未来的归属感,你会觉得不仅过去与当下的你是有价值的,就连未来都在等待你的价值的显现。

拨开云雾的霍华德,想起了那个带领他爬火车的伙伴说过的话:不管是天晴还是下雨,谁都能找出十件值得感恩的事,每天都有很多事值得感恩,我们必须为小事感恩,不然你就还不懂得感恩。从金钱堆里爬出来的霍华德,激动不已,用炽烈而坚定的眼神以及有些抖动的指尖找到空白的全新页面,重操笔墨,在日志里动情地写下值得感恩的小事,友情、亲人、感恩、一天、学习、苦难,等等,都是人生的礼物。

霍华德意识到自己必须为友情付出行动——经过检查和匹配,他如愿地将自己的一个肾移植给了汉密尔顿。后来,他坐在好友的病床前分享自己的感受,说:"一直以来我都梦想着成为亿万富翁的这一天,等真正实现的时候,才发现也就那么回事。世界照样运转,身边却无人与我分享。我发现,我的钱多得花不过来,却舍弃了那些对我很重要的东西。"

汉密尔顿告诉霍华德:你可以改变这一切。金钱是你的梦想,但不是你的遗产。所有的一切都不晚，你还有时间。

人这一辈子，需要有你非常信任的人，在你想不明白的时候成为你的导师，指引你的方向，给你行走的信心与力量。汉密尔顿对于霍华德来说，就是这样的人，他们彼此助力，彼此信任，彼此成就。

感恩的意念，就此发生。

◎付出"行动"

关于亲情，从头再来，不是那么简单的事，但霍华德还是想试试看。他召集来自己的孩子们，说："我要向你们道歉，在过去的二十年里，我把注意力都放在了工作上，忽视了你们，还有你们的妈妈。原本，我在成长的路上学会了很多，但是在追逐金钱的过程中把它们都忘记了。现在，我和你们的妈妈想要换一种活法，会把石油企业利润的一部分注入一个基金，我们要开始做好事了，不再只是为了自己而活，要尝试去帮助一些人。"霍华德给了每个孩子一万美元，希望孩子们也能将这些钱用来帮助他人。可是，根本没人将他的话放在心上，孩子们都已经习惯了拿钱走人的简单流程。

在家庭中，如果凡事都是用流程来完成，那不是看似的简单，而是深层的可悲。我们需要时常把一些话放在心头品味，爱从来都是复杂与烦琐的，只有投入时间和精力去体验才能收获温情，你或许什么都没做，但只是陪着就已经做到了很多。

杰森的父亲是霍华德的几个孩子中的例外，他思考后将钱重新交给父亲，希望可以将这笔钱加入基金中去帮助更多的人。霍华德从杰森父亲的行为中收获到了自己真诚行动的正向反馈，看到了希望，完成了一场关于亲情关系的救赎。霍华德激动得和杰森的父亲深情地拥抱，并不停地对儿子说"谢谢"。这声"谢谢"里包含了太多的内容,有歉意,有羞愧,有感激,有希望,有亲情的温度,有同伴的力量。也正是因此,霍华德后来想要把石油事业传递给杰森的父亲,却又犯了一个错误,那就是不顾孩子的选择与人生的志向,导致杰森的父亲付出了生命的代价。

陪伴,很多时候,不是孩子需要父母,而是父母需要孩子。

霍华德因为想要得到更多亲情的联结,将所有砝码都压在了杰森父亲的身上,原因是他看到儿子将基金投资的医院、图书馆工作都完成得很好,进而想要将石油事业也交给这个儿子。也就是之前所说的预设,看见孩子接受了一件事,并做得很好,就开始预设新目标,甚至理所当然地认为自己预期的故事都会发生。霍华德对亲情的投入是有意识的,但关于自己到底在做什么并没有更高层次的认知,对于如何陪伴孩子成长才是最好的方式也并没有深度的思考。

父母陪伴孩子多了,就会常常觉得应该可以兑换点什么。比如,我都陪你学习了,你就应该成绩好;我都陪你练习了,你就应该快速完成;我都陪你解决了,你就应该不再出错,等等。"应该思维"摧毁了多少父母的养育之路,不是什么都可以设定好量化指标地进行绩效考核,比如爱,它是一种非常微妙的主观感受,你只能问对方感受到了多少,却无法用客观的方式进行数据化的测量。当你对孩子说你为其付出了多少多少,以此作为数据绩效给对方看的时候,爱就已经荡然无存了,你们之间的爱变成了投资与回报的生意,变成了牺牲与愧疚的情债。

讲条件,是缺乏完善认知系统的父母惯用的养育伎俩,你做到了这件事我就给你想要的糖果,你做到了那件事我就给你想要的玩具,赤裸裸的交换所带来的成就是孩子开始确实做到了,但后来呢?你像一个教练一样教导你的孩子成为讨价还价的奴仆。你享受自己高高在上的施舍,孩子习惯了卑躬屈膝伸手的乞讨。卑微,就是这样养成的；自信，就是这样消失的；亲情，就是这样走远的。

<u>在这个世界上，没有"应该"的路，只有"无条件"的爱。</u>

那时的霍华德还只是想爱而不懂爱的父亲，他用眼睛紧盯着杰森父亲这株小花，而后给这株原本放荡不羁的灵魂添加了太多的肥料、阳光和雨露，却并没有发生花开得更加生动的故事，取而代之的事实是一个孩子在委屈与愤怒中轰然凋谢的悲剧。

始终活在预设蓝图里的霍华德，之前是预设自己成为亿万富翁的金钱目标，而后是预设儿子成为继承人的养育目标。每一个都用着同样的逻辑，后果也自然相同，都以茫然落败收场。

我的儿子牛牛曾经在他 8 岁时问我："妈妈，成功的反义词是什么呢？"我回应他："是什么呢？"他说："是放弃。如果放弃，就连失败的机会都没有了，也就不会有成功。而面对失败，从头开始，是需要勇气的。"犯过的错，绕过的路，遭遇过的尴尬，屡试屡败的颓废，都可能是我们成功的因素，因为我们可以在每一个节点创造出新鲜的反思，以助力自己的成长。

在成为父母的路上，我们需要培养自己和孩子生出坚毅的品格，准备更多积极内容的档案，在有需要的时候随时取阅与调用——是关于思考问题的方式、逻辑与习惯，是一种能力，也是一种财富。

有时候，我们不是想要的太多，而是焦点太狭隘——我们会想要一种返还，似乎人生欠了我们什么本来就应得的东西；我们会想要一种骗局，戴着拆不掉的面具和恐惧。我们需要控制感，我们需要事情按照我们预想的样子实现，如果不是，我们常常沮丧，无法释怀；甚至有时候，我们想要的就是"无法释怀"的自己，看起来是自欺，其事实是内在的自洽，因为我们无法否定曾经满怀的期待有误，于是宁愿选择"继续沮丧下去"，才不至于和自己顶撞，这是一种安全需求的自我满足。

如果只是躲在"安全的预期"里，那么生活还有什么创意可言，更何况这不是由你单方面决定的事，变化本身才是恒定的原则，我们需要的是"智慧的预期"，特别是面对孩子、主张养育的时候。简单、实际、富有弹性的我们，才会在现实里过得鲜活而美好。

永不放弃，是让生命成为礼物的法门。

霍华德收获生命礼物的历程里，有五个节点，也是五重人生的维度：第一次是离开家，远走他乡，探寻属于自己的自由人生；第二次是离开爱人，奔赴战场，斩获属于自己的成就人生；第三次是放下亿万富翁的标签，升级视野，俯瞰属于自己与他人的价值人生；第四次是放下遗憾，重塑教育，馈赠属于自己与家人的感恩人生；第五次是告别生命，流传智慧，讲述不再属于自己，却能给予他人能量的礼物人生。

五重人生："自由人生""成就人生""价值人生""感恩人生""礼物人生"，每个维度，都有意义。

人生没有绝对的终结与告别，我们可以创造代际遗传的财富，就像霍华德在遗言中道出的生命智慧：当你一无所有的时候，你的人生才真正开始。

从"执念"到"感恩"，再到"行动"，转化的不是表面的形式，而是认知层面的思维与逻辑，是一种从"知道"到"探索"，到"调整"，再到"做到"的实现，是行走过、体验过、品味过，才得以拥有的智慧。霍华德虽然没有亲眼看到自己的礼物是如何流传的，但他却用不设限的生命向我们娓娓道来着属于他的故事，没有所谓的成功，没有所谓的遗产，没有所谓的终结，一切都不在了，一切却又实实在在地存在着，因为爱，成为不设限的馈赠。

• 馈赠礼物：启动不设限的五重人生

◎ 尊重天性

太多父母和老师都采用了最简单的方法，可是内心却在追求复杂的奇迹般的故事发生，这就是最大的问题。教育，是使孩子采取某项新行动的艺术；而艺术，从来都是复杂的，绝非简单明了。我们必须了解的是，推动一个孩子动起来，比任何居高临下的说教都更有用。

为了诠释我想说的复杂与简单的关系，我来举个例子：艾尔弗雷德·诺思·怀特海，英国数学家、逻辑学家、哲学家、教育理论家，曾任职于英国剑桥大学、英国伦敦大学、美国哈佛大学，是我们所熟知的数学家伯特兰·罗素的老师，曾与罗素合著《数学原理》这部被称为永久的伟大的学术著作，曾写下自己的教育代表作《教育的目的》，其深刻的教育思想影响深远，至今依然闪耀着智慧的光芒。

当我如是地介绍怀特海的时候，你会不会不自觉地在内心嘀咕着"这人到底是做什么的"的疑惑？是啊，这个人到底是做什么的？之所以疑惑，是因为我们往往习惯了简单，似乎一个人一辈子只拥有一个标签才是值得被称颂的成就，似乎一个人如果有了人生理想就必须坚持到底不能动摇才是坚毅的表率，似乎一个人必须让众人一目了然才是合情合理的样子。

众所周知，罗素也和他的老师怀特海一样，在哲学、数学、逻辑学、文学、历史学等诸多领域拥有卓越的成就。你或许也知道爱因斯坦、达·芬奇、富兰克林等这样的大师级人物，同样具备诸多领域的才华。事实如此，我们人类的天性是复杂，而非简单。关于教育奇迹的诞生，我们需要尊重天性，从关注多维的、复杂的、系统的人开始，就像怀特海关注一颗麦粒。

怀特海曾将黑格尔的"正—反—合"的辩证法概念运用到教育理论之中，他认为一个人的智力发展过程就像黑格尔打的比方里描述的那样：一颗麦粒，开始只是一颗麦粒（正题），但它实际上已经包含了突破自己、否定自己的因素，要长成一株麦苗；当麦粒真的长成了一株麦苗，它就不再是一颗麦粒，而是成为麦粒的对立面（反题）；麦苗没有停止生长，还会成熟，然后结出种子，再然后自己死去，而产生新的麦粒，这个时候，新的麦粒既不是麦苗，也不是原来的那颗麦粒，而是两者综合的产物（合题）。

为了更好地让人们从抽象的哲学概念中获得更容易理解的逻辑，怀特海将这样的智力发展过程命名为"浪漫阶段""精确阶段"和"综合运用阶段"，他说就像一个婴儿学习语言，开始在一片混沌中感知整个世界（浪漫），继而学会了说"爸爸""妈妈"（精确），最后才是学会在适当的应用场景组词、造句与发表观点（综合运用）。

生命的打开过程，不是从 A 点到 B 点的直线，也不是从 A 面到 B 面的跨越，更不是从 A 空间到 B 空间的位移，而是一种从 A 时空到 B 时空的升维。就此，我们会听到哲学家这样表达——你永远无法理解你还没有企及的思想高度，除非你已经成为那个高度的人。我想这个高度的对面不是低俗，而是不同的维度。

就像《平面国》的故事里，三维世界的球可以看懂平面国里的正方形，平面世界里的正方形可以看懂线段与点的世界，但是反过来点和线段却无法理解正方形的视野，正方形也无法明白球所在的世界格局——当正方形去了一趟三维世界，才拥有了关于球所描述的其所在世界的认知。正方形的思想升维，不是在球的布道中实现的，而是因为走了一趟，去过了，体验过了，才拥有的一种认知财富。浪漫阶段、精确阶段、综合运用阶段，缺一不可。

我们还可以讲得更简单点儿。如果你没有阅读过《平面国》，那么可以想想《西游记》，它们都讲述着同样的故事，经文不是你知道了就能拥有的，也不是投机取巧、腾云驾雾就能获得的，而是——你必须走一趟；也可以想想保罗·柯艾略笔下的牧羊少年，和正方形、孙悟空一样，他无法原地不动地拥有炼金术，而是要在经历追求天命的奇幻之旅后才能赢得财宝，包括爱。

如果《平面国》《西游记》《牧羊少年奇幻之旅》都无法唤起你的共鸣，我们还可以变换一种角度，从教育学、哲学、文学转场，回到我们正在聊的电影《超级礼物》与《超级人生》的故事里，回到认知心理学的维度。

视觉艺术带给我们更多容易理解、方便领悟的可能，这也是尊重人类知觉天性的选择，所以我把电影拿来作为你我沟通的载体，是因为你不仅可以看我写的文字，完成自上而下的信息加工，还可以通过看电影实现理论与观点的可视化，实现虚拟地走一趟，完成自下而上的信息加工，在电影欣赏的旅程中一边品味你阅读过的我写的文字，一边对应自己体验的感受，重塑自己的神经回路。

当然，这只是推动你行动的第一步，也是简单易操作的一步，看别人的故事总比调整自己的故事要来得容易得多，之后就要看你的意愿，是否采取行动，如何采取行动，都是你自己要进行的决策。决策不是对计划的思考、对蓝图的描画，而是在所有的可能性中做出战略性的选择,并付出相应的行动。

所以说,不是想明白了才去做,而是做了才会明白,因为你不走一趟就无法实现一个完整的理解回路,就无法实现一个有输入、有加工、有输出的系统认知的升级。养育孩子之前,我们需要先养育自己,推动自己采取某项新行动,才能创造某个新故事。

◎设计项目

霍华德爷爷领悟到,自己的孙子杰森必须得"走一趟",才能赢得生命的馈赠,在这之前自己要先完成一个具有创造力的行动,那就是做好引导方案,设想每个环节需要应对的各种教育引导的可能;然后一一做好下一步的引导预案,再一一录制好每个环节的带领视频;他还给自己的教育项目做了营销包装,标的是赢得终极礼物,手段是层层闯关的游戏,虽然奖赏内容是模糊的、概念化的描述,但机制本身已经迎合了杰森的兴趣点,那就是好奇与挑战。一切准备妥当,只要杰森说"YES",那么旅程就开始了。

这个引领孙子"走一趟"的项目设计,对于爷爷来说,是一种教育思维的重塑,就像我前面讲到的"习惯回路",当内心生出一种全新的渴求,不再渴求孩子听话,而是渴求亲子关系、渴求一个孩子的成长的时候,一切就都变得不同了。

爷爷的"超级礼物"像极了孩子们喜欢购买的各类盲盒,重点不是最后拿到的是什么,重点是这个充满刺激、挑战与不确定的过程,让杰森生出了强烈的要一探究竟的好奇心,推动其付诸行动就不再是什么难事,此为"浪漫阶段";就这样,杰森这个"麦粒"将原本就有的潜能释放出来,破土而出,逐渐成长为一株独立于世的麦苗,每完成一项任务就会得到身体、精神以及物质的奖赏,可谓"精确阶段"的实现；当然更重要的奖赏是还有下一关的好奇在等着杰森，对这个世界的运转有了新鲜体验之后的杰森，在步步为营的闯关中找到了自己的人生梦想，终于结出了第一颗麦粒，也就进入了"综合运用阶段"。

总结来说，如果我们想让自己或孩子拥抱新思维、建立新习惯，都离不开神经回路的重塑。"人类可以选择他想要的思考模式"，这是心理学在过去的几十年里最显著的发现，也是我们需要有意识探索的能力。

要知道，人生就像一款盲盒，我们不是因为知道盒子里装的是什么才去努力地拆解，而恰恰是未知，才具有了千倍万倍的魔力，让我们愿意活下去，愿意更多可能地活下去，以便可以有机会拆解更多维度的盲盒，收获每一次惊喜抑或失落的刺激奖赏。

我们需要辨识的是，这个神经回路的建立需要内心生出的渴求来给予我们力量，以支撑起探索的整个历程，让每一步都存在意义。那个"盲"不是盲目的"瞎"，相反地要我们有意识地、心明眼亮地产生好奇。请睁大眼睛，保持好奇心，看见那个你原本以为早就看见，却从来没有好好看过的，完全值得用生命去全然探索的世界。

好奇心，是推动学习与成长变为可能的珍贵品格与优势，孩子和成人本身都是拥有的，但不是每个人都对自己的这份力量具备充分的了解，我们需要去唤醒它，生出智慧，结出"麦粒"。

杰森并不知道爷爷留给自己的终极礼物到底是什么，但却因为充满了好奇而踏上了收获礼物的历程。他在爷爷的养育项目中顺利通关，步步为营，在农场的工作中体验全情投入的心流状态，在给予他人帮助的题目里解析金钱的价值，在一无所有得只剩下自己的境遇里收获纯粹的友谊，在爷爷捐建的图书馆里收获与人真诚互助的快乐，在爷爷所留下的引导语"生活中不应该回避困难，而应该直面困难，苦难会使我们坚强。这样我们才能在将来赢得胜利"这样的复盘中收获学习的能力，在和绝症女孩做朋友的日子里学会爱的表达与守护，并在所有的历程里渐渐领悟到自己的人生梦想是帮助他人，最后终于在走到了赢得终极礼物的时刻时说："迄今为止，我只是活着，日复一日地在尘世飘浮，觉得这样已经足够了。老实说，我不知道自己有没有梦想，但我知道我能帮助别人实现他们的梦想。"

尊重天性的养育项目——帮助自己的孩子实现他们的梦想，这就是我们的使命。

◎ 使命之路

养育的理想，不是灌输知识的教导，而是推动行动的力量。

如果爷爷直接对杰森说："来，给你20个亿，去帮助需要帮助的人吧。"可想而知，没有"走过一趟"的杰森是无法招架住这个天降的大任的。只有"走过一趟"的杰森，才在磨砺中渐渐生出了翅膀，才拥有了在梦想里飞翔的底气与能力。当你不再预设一个结果，然后苦口婆心地强塞给一个孩子的时候，你就解除了"安全预期"的武装，回归了养育本身。霍华德做到的不是奇迹，而是一个真正用心谱写的故事。

我们常常向孩子提问："你的梦想是什么？""你要成为怎样的人？""你想过什么样的人生？"

与此同时，你有问过自己吗？

请问，"你的梦想是什么？""你要成为怎样的人？""你想过什么样的人生？"

我还会继续问你:"你为自己想要的样子付出过行动吗?""你将这一切告诉过你的孩子吗?""你的孩子理解并支持你的梦想吗?""如果你已经有所实现,你是否曾用语言和行动去对帮助过你、支持过你的人表达感恩?"

带着好奇心欣赏自己和孩子的思维、想法、情绪、兴趣、天赋,不做评论,不给意见,只是好奇地提问与倾听,没有世俗之见的绑架,没有内心预设的期待,没有答案,只是好奇地接纳与回应,让一切自然而然地发生,就像一棵树遇到了树下一株小草的生长,一朵小花的绽放,一只蜗牛的漫步;就像飞鸟遇见了山,看见了海,望见了大地;就像你,像你在生命里邂逅了另一个自己。

生命的意义,是这本书要跟你一起探索的主题;父母的使命,是这本书要跟你聚焦的生命意义维度。我们可以从过去的经验和现在的时刻中找到生命的意义,就像霍华德爷爷那样;我们也可以从我们未来的目标中找到生命意义的归属感,就像杰森一样。

聚焦父母的使命这个生命意义的重要维度,我们不仅要完成自己走一趟的历程,还要想办法将自己是如何实现它的逻辑做充分的诠释。那我们该把我们认知的世界诠释给谁呢?最直接的受益者就是我们的孩子。

霍华德的认知是在行为过程中不停地螺旋上升的,从开始盯着成为亿万富翁的"目的意义"不放,到投入为他人做好事的"价值意义"实现,再到"认知意义"的综合运用,可以将自己的生命意义进行反思,而后用特别的方式——"终极礼物"——诠释自己的生命,也以此影响他人的生命。

"浪漫""精确""综合运用"三个阶段的心智发展,不仅仅存在于孩童时期,而且在我们的生命中循环往复地存在,实时交替地占据着主导地位,并在不同的周期里存在着相同的逻辑:每一个浪漫阶段都需要我们睁开眼睛多看、打开耳朵多听、张开嘴巴多问，每一个精确阶段都需要我们在欲望中克制、在试错中成长、在投入中专注，每一个综合运用阶段都需要我们有科学的决策、行走的勇气、成熟的认知。这是一种生命的节奏，交互着编织成具有内在精神的养育生活。

慢慢地，你会越来越体悟到，养育不是父母自上而下地给孩子的东西，而是父母需要得到孩子参与意愿才能合作共赢的艺术。

我们需要即刻行动的是：跳出头脑，融入生活。反思，是对你行动过后的反思，而不仅仅是什么都不做的对旧经验的反思。切记，我强调的是要反思，是行动后的不停的反思；而不是呆呆地思考，不是原地不动地、不停地也停不下来的思考。前者是智慧，会指引我们升级；后者是愚笨，会拉扯我们倒退。

遇到问题，即刻将问题转化为题目，你要相信每个不幸的遭遇都是练习成长的契机，说"YES"，接着行动，而后反思，总结经验，形成未来预案，我们可以把这个过程称作"前瞻记忆"。很多人都误以为记忆是和过去挂钩的联结，这是把记忆和回忆混淆的结果。其实，记忆，是对未来的记忆，也就是你当下有意识记忆，用以未来决策和行动，它不是名词，而是个动词，是个创造的过程。你的前瞻记忆越多，你的行动成就就越高，这是个可以习得的认知过程与养育能力，也是认知系统打造与升级的必要与重要环节。

养育，没有什么一成不变的法则，没有什么一蹴而就的捷径，但可以在"浪漫""精确""综合运用"的循环往复与螺旋上升中慢慢实现，就像一场不用费力的魔法，需要的是耐心、信心、爱，奇迹总会来。

"我唯一能做的，就是什么都不给你。"这已然是最好的养育；这已然是最好的礼物。

「认知练习」

五重人生

送出可以让孩子活出超级人生的礼物

「准备」夜深人静或黎明醒来（时间）；独自一人（人物）；在书桌前坐下（地点）；拿出一张崭新的白纸，准备一支黑色或蓝色的签字笔（物料）；缓慢、平稳、无声地深呼吸，让自己放松下来，面对内心（状态）；然后在白纸的顶端一笔一画地写下"送给某某的超级礼物"（仪式）。

「品味」请在纸的上半部分，写下你已经历或想要经历的五重人生：

时刻1.（自由人生）节点：_____，
故事：_____。

时刻2.（成就人生）节点：_____，
故事：_____。

时刻3.（价值人生）节点：_____，
故事：_____。

时刻4.（感恩人生）节点：_____，
故事：_____。

时刻5.（礼物人生）节点：_____，
故事：_____。

注：可以参看文中关于霍华德"五重人生"的描述。

「行动」带着送出超级礼物的意义感，在纸的下半部分书写一个预案，要足够明确：

1. 设计题目（对于你来说，什么是超级礼物？）
2. 提出问题（如何做才能让孩子收获超级礼物？）
3. 行动计划（如何引领才能让孩子拥抱超级人生？）

「馈赠」写到这里，你的故事已经重新开始。

结语
播一粒"令人心驰神往"的种子,乐在其中

你已经追随我的文字来到了这本书的最后,由此,你已将自己的成长引至一个令许多父母心驰神往的方向。我可以想见的,不是你到底收获了什么,而是属于你的"成长型父母"的旅程在此刻已悄然开始。

奥地利物理学家埃尔温·薛定谔(Erwin Schrodinger)曾经在一本用物理学、生物学研究成果解读生命的著作《生命是什么》当中使用了大量的原创概念。很多人都劝他放弃那些原创,使用大众熟悉的语言,但他始终不愿意放弃自己的原创说法。他解释说:

"我看到的是我的树,你看到的是你的树(跟我的非常相似),而树本身究竟是什么样的我们并不知道。"对那棵树,"我们每个人都有不容置疑的印象,个人经验和记忆的总体会形成一个单元,与其他人的完全不同。"

这个依个人经验和记忆形成的"单元",被薛定谔称之为"一个人的母语",我们可以把它理解为"一个人的认知系统"。从这个维度来说,我们看到的"树"都与他人看到的不同,是属于自己的

"独特的解读"。

所以,在成为父母的世界里,你都有哪些独特的解读?你的解读来自怎样的独特的认知系统?这个只属于你的独特的认知系统足以令你满意吗?

我想你已经发现了,这本书并不是我这个母亲的自我成长书。我写这篇结语的时候是 44 岁,我的儿子是 14 岁,他正在读初中二年级,所以我没什么立场告诉你该怎样走完你的养育旅程,也没有什么不可思议的洞见传授给你,确保你的下一步万无一失。我愿意继续做"唤醒者",借用盐野七生关于罗马历史的解读来向你提出问题:

"罗马人,智力不如希腊人,体力不如高卢人,技术不如伊特鲁里亚人,经济不如迦太基人,但为何却能一一打败对手,建立并维持庞大的罗马帝国?"

500 年,是的,罗马足足用了 500 年的时间来让自己强大。在这样漫长的过程里,整个罗马经历着的不是每天进步一点点,而是长期处于进一步退半步的状态,即便在罗马的鼎盛时期,亦是如此。

罗马的繁荣来自足够多的经验与记忆铺垫的基础,这就像一个人在青少年时代不断遇到问题、解决问题的成长里积蓄力量,到了成年以后才逐渐了解、理解其真正的价值;一个成长型母亲或父亲在前期投入大量时间、精力、物力,到了成为拥有足够强大力量的人,甚至可以影响孩子向好而生时,才明白所有的付出都有深刻的意义。我们的"对手"不是别人,正是自己。我们想要创建并维持自己和家庭的幸福系统,就如同建一座城,要闯过很多道自己的难关，要开辟很多条连接他人的路，没有一蹴而就的捷径，历程本身就是最值得期待的回报。

我们和孩子都需要这样"进一步退半步"的螺旋上升式的成长，这是一种发展、修复、升级、进化的状态，更是一种取得成就的智慧。当我们的耐心无以为继的时候，不妨想一想"罗马不是一天建成的"这样的思考。

一棵树，有一百种可能；一个父亲，有一百种语言；一个母亲，有一百种思维；一个孩子，有一百种世界。

我们可以给自己、给孩子、给家庭，播一粒"令人心驰神往"的种子，在复杂的关系里，探索出生命意义的方向，创造出足以让人乐在其中的系统，坚持每天有意识地耕耘，将学到的东西作为指南，直到把其中的逻辑、原理掌握得如同自己与生俱来就拥有的能力一样，收放自如。

那么，我们就会像电影里的主人公一样，成长为"一朵花的样子"，"绽放"出美好的姿态，将生活过成自己满意的作品。

致谢

我要由衷感谢我的编辑饶静女士,还有秋叶大叔和纯子,让我在出版这个神秘世界盲目摸索的路上没有那么艰辛。

另外,还有许多专家和学者给了我想法和启发,要特别感谢岳晓东博士给予我的鼓励,冯耘校长给予我坚持做自己的信心,蒋方舟女士给予我写作上的温暖反馈,喻颖正先生给予的未来春藤所有资源的鼎力相助,谢谢他们让我坚定了写作的初心与出版的底气。

感谢我的儿子牛牛(陈厚源)为我的书做了手绘插图,也要感谢倪梦婷老师、董小丹老师的倾情相助,是你们的投入让这本书增添了更多色彩。